FACULTÉ DE DROIT DE PARIS.

DU PACTE COMMISSOIRE

De lege commissoria D. 1. 18 t. 3.

EN DROIT ROMAIN.

DE L'ACTION RÉSOLUTOIRE

ET DU

PRIVILÉGE DU VENDEUR

EN DROIT FRANÇAIS.

THÈSE POUR LE DOCTORAT.

PAR

Pierre-Paulin CAPLANNE.

PARIS

IMPRIMERIE DE MOQUET

11, RUE DES FOSSÉS-SAINT-JACQUES, 11.

1861

DU PACTE COMMISSOIRE

De lege commissoria D. l. 18 t. 3.

EN DROIT ROMAIN.

DE L'ACTION RÉSOLUTOIRE

ET DU

PRIVILÉGE DU VENDEUR

EN DROIT FRANÇAIS.

THÈSE POUR LE DOCTORAT.

L'acte public sur les matières ci-après sera soutenu,
le Mercredi 26 Juin 1861, à midi,

PAR

Pierre-Paulin CAPLANNE,

Né à Bardos (Basses-Pyrénées).

Président : M. **ROYER-COLLARD**, Professeur.

SUFFRAGANTS :
MM. **PELLAT**	
BONNIER	Professeurs.
COLMET-DAAGE	
RATAUD	Suppléant.

Le Candidat répondra en outre aux questions qui lui seront faites
sur les autres matières de l'enseignement.

PARIS

IMPRIMERIE DE MOQUET

11, RUE DES FOSSÉS-SAINT-JACQUES, 11.

1861

A LA MÉMOIRE DE MA MÈRE

A MON PÈRE

A MES PARENTS ET A MES AMIS

DROIT ROMAIN

DU PACTE COMMISSOIRE

DE LEGE COMMISSORIA.
(D. liv. XVIII. tit III.)

———◄❖►———

Le pacte commissoire est un de ces pactes nombreux, qui peuvent accéder à une vente : on s'en est occupé dans un titre spécial du Digeste, parce que c'était là un pacte très fréquent dans les ventes, et cela se comprend dans une législation qui n'avait pas comme la nôtre de

clause résolutoire tacite pour défaut de paiement de prix.

Il faut pourtant remarquer qu'en droit Romain la vente, même suivie de tradition, ne
suffisait pas toujours pour transférer la propriété
à l'acheteur. Le vendeur n'avait besoin d'aucun secours; il restait propriétaire, tant que le
prix ne lui était pas payé. En conséquence, il
pouvait revendiquer son immeuble entre les
mains de l'acheteur, tout en laissant subsister
les obligations résultant de la vente. La situation du vendeur ne devenait dangereuse, que
lorsqu'il avait cessé d'être propriétaire et que
l'acheteur l'était devenu, parce que le vendeur
avait suivi sa foi, soit en lui accordant un terme,
soit en exigeant une sûreté, une caution. (*Inst.
de rerum divisione*). On peut dire, dans ce cas,
que le vendeur consentait a échanger son droit
de propriété contre un droit de créance. Dès
lors il ne lui restait plus qu'une action personnelle pour exiger le paiement du prix; il cou-
rait risque de tout perdre, la chose vendue et le
prix. Le vendeur avait un moyen d'échapper à
cette rigueur de la loi, c'était de se réserver la
faculté de résoudre la vente en cas de non paie-

ment du prix, en insérant dans la vente une clause expresse, appelée chez les Romains *lex commissoria.*

C'est de cette clause que nous avons spécialement à nous occuper. Nous diviserons notre matière en quatre parties principales : nous parlerons des caractères généraux de la *lex commissoria* : de ses effets quand elle est en suspens : de son accomplissement ou son non-accomplissement : de ses effets, quand elle s'est réalisée.

§ 1. *Caractères généraux de la lex commissoria.*

La *lex commissoria* est un pacte, en vertu duquel la vente doit être résolue, si le prix n'est pas payé. Son nom vient de *committere* et exprime l'idée d'un événement qui se réalise, et d'un effet produit par cette réalisation. Le cas prévu étant arrivé, c'est-à-dire, le prix n'ayant pas été payé, il y a lieu d'appliquer la loi des parties, la résolution de la vente.

En général, la *lex commissoria* contient la fixation d'un délai, dans lequel l'acheteur doit payer, s'il ne veut encourir la résolution de la vente : mais ce n'est là qu'un usage et non pas

un élément essentiel à son existence et à sa validité (Arg. l. 3, *de cont. empt.*).

La *lex commissoria* portant sur le paiement
du prix, sur un élément essentiel de la vente,
ne peut être consentie qu'au moment de la formation du contrat principal, *in continenti* : si
elle intervient après coup *ex intervallo*, elle ne
produit pas d'action civile, elle ne donne qu'une
exception. Cependant si le pacte joint *ex intervallo* avait lieu au moment où les choses sont
encore entières, *rebus integris*, où rien n'a été
exécuté d'aucune part, on peut dire, suivant la
doctrine de Paul, que la vente est censée renou-
velée par les parties, et le pacte, faire partie du
contrat de vente, dont il emprunte l'action.

La question de savoir si la *lex commissoria*
constitue une condition résolutoire ou une condition suspensive de la vente, présente une
grande importance. Des textes nombreux nous
démontrent, qu'en pratique, la *lex commissoria*
constituait, en général, une condition résolutoire. (L. 1, 4, 5, 8, *de lege comm.*). Mais s'ensuit-
il qu'elle ne pouvait être prise que comme condition résolutoire, et qu'elle ne pouvait jamais
constituer une condition suspensive apposée à

la vente même ?—Nous ne le pensons pas : tout en admettant, que, le plus souvent, la *lex commissoria* portait sur la résolution de la vente, et non pas sur sa naissance, sur son existence, tout en admettant, qu'en règle générale, les parties entendaient conclure une vente pure et simple, transférant dès à présent la propriété du vendeur à l'acheteur, qu'elles entendaient en soumettre la résolution seule à la condition du non-paiement du prix, nous pensons qu'il pouvait en être autrement, que les parties pouvaient envisager la *lex commissoria* comme condition suspensive de la vente, entendant que la vente ne serait parfaite, ne produirait ses effets que par le paiement du prix. (Arg. L. 213, *pro emptore.*)

§ 2. *Des effets de la lex commissoria quand elle est en suspens.*

D'après l'opinion que nous avons adoptée, à savoir, que le pacte commissoire peut, suivant l'intention des parties, revêtir le caractère d'une condition résolutoire ou d'une condition suspensive, il nous faut envisager deux hypothèses différentes.

Première hypothèse — La *lex commissoria* a été apposée à la vente comme condition résolutoire. Nous devons commencer par reconnaître que la vente dans laquelle la *lex commissoria* est ainsi insérée, est pure et simple, parfaite dès à présent; il n'y a de conditionnel que sa résolution. (L. 1. *de leg. comm.*).

Il s'en suit, que la vente produit tous ses effets, tant que le pacte commissoire n'est pas encouru : Ainsi :

1° L'acheteur a contre le vendeur l'*actio empti*, pour le forcer à livrer la chose vendue, et le vendeur a l'*actio venditi* :

2° En supposant que le vendeur soit propriétaire de la chose vendue, et qu'il ait suivi la foi de l'acheteur, quant au payement du prix, la tradition transfère la propriété de la chose vendue, sur la tête de l'acheteur :

3° L'acheteur devenu propriétaire peut valablement consentir tous les droits réels sur le bien vendu ; il peut l'aliéner, l'hypothéquer :

4° L'acheteur exerce l'action en revendication, et y défend, quand elle est exercée par les tiers.

5° Il perçoit et gagne les fruits : L. 5 *de leg. comm.*

6° S'il a reçu la chose *a non domino*, il lui est permis *d'usucaper pro emptore*. L. 2 § 1 *de in diem addict*. L. 3 *de contrah. empt.*

7° Enfin l'acheteur supporte les risques : que la chose périsse en totalité, ou qu'elle soit simplement détériorée, il n'en sera pas moins tenu de payer le prix intégral, quand arrivera l'époque fixée pour le payement. L. 2. *de leg. comm.*

Deuxième hypothèse. — La *lex commissoria* a été apposée à la vente, comme condition suspensive lorsque *la lex commissoria* est envisagée par les parties contractantes comme condition suspensive de la vente, les effets qui se produisent sont tout différents, ou plutôt la vente ne produit encore aucun de ses effets, qui sont tenus en suspens jusqu'à l'arrivée de la condition : ainsi, il n'y a lieu de part ni d'autre aux actions qu'engendre la vente : le vendeur conserve la propriété de la chose vendue; il peut donc l'aliéner et l'hypothéquer : il intente l'action en revendication et y défend : il recueille les fruits et les fait siens *Arg. pr. in diem addict.*

— L'acheteur mis en possession ne peut commencer à *usucaper pro emptore* qu'après avoir payé le prix, qu'après la réalisation de la condition suspensive. L. 2 § 3, *pro emptore*. C'est l'application du principe posé au Digeste dans le pr. de la loi 8, « de periculo et commodo « rei venditæ : (Quod si pendente conditione « res tradita sit, emptor non poterit eam usuca- « pere pro emptore) ».

C'est le vendeur et non l'acheteur, qui supporte les risques. L. 8 *pr. de peric. et comm. rei vend. et trad.*

§ 3. *Accomplissement et inaccomplissement de la lex commissoria.*

Accomplissement de la *lex commissoria*. — Deux cas peuvent se présenter : la vente peut contenir la fixation d'un délai dans lequel l'acheteur doit payer; ou bien, dans le contrat, il a été simplement convenu, que, faute de payement du prix, la vente serait résolue. L. 3. *De contrah. empt.*

Premier cas. Il a été convenu, que si le prix n'était pas payé dans un certain délai, la vente serait non avenue. Dans ce cas, la résolution de la vente résulte de la seule expiration du terme arrivée, sans que le prix ait été payé. Pour obtenir ce résultat, le vendeur n'a pas besoin de mettre l'acheteur en demeure, et pour nous servir d'une expression, qui ne se trouve que chez les interprètes : *Dies interpellat pro homine.* Au temps fixé, l'acheteur doit offrir le prix au vendeur, sans attendre aucun avertissement. L. 4. § 2 et 4 *de leg. comm.* L. 12 *C. de contrah. stip.* Un payement partiel fait avant l'échéance du terme, quelque considérable qu'il soit, ne sauve pas l'acheteur de la résolution de la vente. Arg. tiré de la loi 6 § 2. *de leg. comm.* On peut dire que la loi romaine interprète avec rigueur la volonté des parties : elle ne présume pas l'indulgence du vendeur et n'excuse pas l'oubli possible du terme par l'acheteur Le terme une fois expiré, la résolution de la vente est définitivement encourue, si le vendeur le veut : *finita est emptio,* nous dit Ulpien, l. 4 *de leg. comm.* C'est en effet la décision conforme à l'intention des parties : elles ont voulu que le moindre retard suffît pour mettre l'acheteur en danger de perdre la chose. Il faut donc en se conformant à cette volonté, dire que dès l'instant où il y a eu retard de la part de l'acheteur, il y a eu pour le vendeur un droit de résolution, qu'on ne peut lui enlever. Pour offrir de payer un jour après l'expiration du terme, l'acheteur en est il moins

en retard? « Licet postea offeratur, attamen
« semel commissam pœnam compromissi non
« evanescere : Quoniam semper verum est, in-
« tra kalendas datum non esse ».

Inaccomplissement de la *lex commissoria*. La
lex commissoria n'est pas encourue, dans les circonstances suivantes : 1º Action en réclamation
du prix intentée par le vendeur : 2º Défense faite
à l'acheteur de payer entre les mains du vendeur, par un créancier de ce dernier : 3º Obstacle mis au payement par le fait ou par la faute
du vendeur lui-même.

1º Action en réclamation du prix intentée par
le vendeur. Quand le terme fixé pour le payement du prix est expiré sans que le prix ait été
payé, le vendeur peut choisir entre deux partis :
ou poursuivre le payement du prix, ou agir en
reprise de la chose. Mais le choix qu'il fait à cet
égard fixe son droit, et il ne peut plus changer
de sentiment ; s'il a réclamé le payement du
prix, il ne peut plus agir en résolution de la
vente. Pothier en donne pour raison qu'il ne
saurait être permis au vendeur de changer d'a-
vis au gré de son caprice, et cela au détriment de
l'acheteur : ce qui est conforme à cette maxime

de Papinien, au titre de « regulis juris : Nemo
« potest mutare consilium suum, in alterius in-
« juriam, l. 75. »

2° Défense faite à l'acheteur de payer entre
les mains du vendeur, par un créancier de celui-
ci. — Lorsqu'un créancier du vendeur forme
opposition au paiement du prix par l'acheteur,
entre les mains du vendeur, l'acheteur trouve
dans cette circonstance la justification de son
inaction, et n'encourt pas la *lex commissoria*. L. 8
De leg. comm.

3° Obstacle mis au paiement, par le fait ou
la faute du vendeur lui-même. Et d'abord l'a-
cheteur ne serait pas soumis à la résolution, si
le vendeur lui-même avait manqué à ses engagements. L. 10, § 1, *de rescind. vend.*

L'acheteur n'a pas à redouter la résolution,
si le vendeur a refusé de recevoir le prix, ou
s'il s'est absenté sans laisser de mandataire, de
telle sorte que l'acheteur n'a trouvé personne,
lorsqu'il s'est présenté pour payer. L. 4, § 4 *de
leg. comm.* — Mais il n'est pas dispensé de se tenir prêt à payer, lorsque le vendeur l'exigera;
un retard ultérieur de sa part ne le laisserait pas
à l'abri de la résolution, à moins qu'il n'y eût

dol de la part du vendeur, par exemple si celui-ci avait refusé le paiement, pour l'exiger à une époque où il savait que l'acheteur ne pourrait pas l'effectuer. L. 51, § 1 C. *De act. empt. et vend.* Pour éviter l'application de la *lex commissoria,* l'acheteur n'a pas besoin de consigner judiciairement le prix offert. L. 8, *de leg comm.*

Deuxième cas. — La *lex commissoria* a été apposée à la vente, sans fixation de délai. La question se présente alors de savoir à quelle époque la *lex commissoria* est encourue. Nous pensons qu'il faudra accorder à l'acheteur un certain délai; *modicum tempus.* Arg. de la loi 23 *de obl. et act.*, et qu'il dépendra de l'office du juge d'apprécier l'étendue de ce *modicum tempus,* la *mora* étant une question de fait plutôt que de droit. L. 32, *De usuris* et les actions résultant de la vente étant d'ailleurs *bonæ fidei.*

§ 4. *Des effets de la lex commissoria quand elle s'est réalisée.*

Première hypothèse. — La *lex commissoria* a été envisagée, comme condition résolutoire. Nous examinerons successivement les effets de la condition résolutoire, à l'égard des parties contractantes et à l'égard des parties.

Entre les parties. — Il est évident que le pacte commissoire n'étant intervenu qu'en faveur du vendeur, celui-ci n'est pas forcé d'en user : il peut renoncer au bénéfice d'une clause qui n'a été ajoutée à la vente, que dans son intérêt exclusif, et s'en tenir purement et simplement à l'exécution du contrat. L. 2, *de leg. comm.* Le vendeur peut donc exercer l'*actio venditi*, pour poursuivre l'exécution de toutes les obligations de l'acheteur. Mais s'il le préfère, il peut profiter de la *lex commissoria*, pour poursuivre la résolution du contrat. A ce sujet, on se demandait par quelle action le vendeur agirait en résolution ?

Avant Auguste, la question n'était pas douteuse, l'*actio venditi*, qui servait à poursuivre l'exécution de toutes les obligations résultant de la vente, servait à obtenir la résolution de la vente et à poursuivre l'exécution de cette clause, qui se rattachait à la vente et en faisait partie. Lorsqu'éclata la rivalité entre les deux grandes sectes des Sabiniens et des Proculiens, il y eut controverse sur ce point. Les Proculiens partant de cette idée, que la condition résolutoire une fois accomplie, mettait la vente à néant, soutinrent qu'on ne pouvait par conséquent, sans se contredire, donner au vendeur l'*actio venditi*, précisément pour poursuivre cette résolution : c'eût été vouloir user de l'*actio venditi* pour obtenir un résultat tout différent de celui pour lequel elle avait été créée. Ils proposèrent en conséquence, par leur esprit d'innovation, de lui donner une action nouvelle, l'*actio præscriptis verbis.*

Les Sabiniens, au contraire, s'en tenaient à l'ancienne *actio venditi.* La *lex commissoria* étant un pacte ajouté *in continenti* à la vente, devait être garantie par les mêmes actions qui garantissaient le contrat principal lui-même. Dire qu'il n'y avait plus vente, était une pure subtilité contraire à l'intention des parties contractantes. L, 6 § 1. *de contract. empt.* Cette dispute fut close avec raison en faveur des Sabiniens, c'est-à-dire en faveur de l'*actio venditi,* par un rescrit de Sévère et d'Antonin. L. 4, *de leg. comm.*

Quant à l'*actio empti,* il est bien évident qu'elle s'évanouit, si la résolution est invoquée par le vendeur, et qu'elle subsiste dans le cas contraire.

Nous savons que, lorsque la *lex commissoria* constitue une condition résolutoire, la vente est pure et simple, et, notamment, que suivie de la tradition, elle transfère la propriété sur la tête de l'acheteur. A ce propos, il se présente une question délicate. Qu'arrive-t-il, lorsque la condition résolutoire, le défaut de paiement au terme convenu, a lieu, lorsque en un mot la *lex commissoria* est encourue? La condition résolutoire opère-t-elle son effet non seulement entre les parties contractantes, mais encore contre les tiers détenteurs de la chose vendue? L'intérêt de la question est grave. Si le vendeur invoquant la *lex commissoria* n'a qu'une simple action personnelle contre l'acheteur, pour forcer ce dernier, à lui retransférer la propriété, son action ne lui servira de rien contre les tiers, qui auront acquis la chose vendue, des mains de l'acheteur : en effet, ce dernier devenu propriétaire par la vente suivie de la tradition, a pu aliéner, hypothéquer, l'immeuble vendu.

Mais si on décide que la condition résolutoire accomplie opère ses effets *in rem*, qu'elle fait rentrer de plein droit l'immeuble dans le patrimoine du vendeur, si bien que la vente est considérée comme n'ayant jamais existé, et le vendeur par conséquent, comme n'ayant jamais pu transférer une propriété qu'il n'avait pas, le vendeur n'aura rien à craindre des aliénations et des constitutions d'hypothèques que l'acheteur pourra consentir, puisqu'elles s'évanouiront par la réalisation de la condition résolutoire ; toutefois en supposant, que les tiers-détenteurs n'ont pas eu le temps d'usucaper la chose vendue. On trouve, à l'appui des deux décisions des textes nombreux qu'il est difficile de concilier. (L. 3, C. *De pactis inter vend. et empt.*): L. 4, C. *eod. tit.*) : L.8, *de leg. comm.*) : (une constitution de Dioclétien et de Maximien citée aux Fragments du Vatican, § 283) : (. L. 2, *De don. quæ sub modo, vel cond. vel certo tempore conf.*): (L. 4, § 3, *De in diem addict*) : (L. 29, *De mortis causa don.*)

La plupart des interprètes pensent que du temps de la jurisprudence classique, l'opinion générale était que la propriété ne pouvait être transférée temporairement. En conséquence, l'évènement de la condition résolutoire ne donne au vendeur, qu'une action personnelle pour forcer l'acheteur à lui transférer la propriété de la chose vendue. Cette doctrine combattue en vain par quelques jurisconsultes, (Marcellus, Scævola, Ulpien) subsiste jusqu'à Justinien, qui la remplace par la doctrine opposée, et qui donne au vendeur invoquant le pacte commissoire le droit d'agir en revendication.

Un des effets de la vente, quand la *lex commissoria* est en suspens, c'est l'attribution des fruits à l'acheteur ; mais cet effet n'est pas définitif : la condition une fois réalisée, l'acheteur actionné en restitution sera obligé de rendre non seulement la chose vendue mais encore les fruits perçus dans l'intervalle, l. 5 *de leg. comm.* ; L. 4, § 4, *in fine* : L. 6, *de in diem addict.* La raison de cette décision est que la condition résolutoire une fois accomplie, doit en principe remettre les parties dans la même position où elles seraient, si elles n'avaient jamais contracté ; l'acheteur ne peut donc après la réalisation de la condition, garder les fruits, qu'il est censé avoir indûment perçus ; le seul motif de les garder, sa qualité d'acheteur, lui fait défaut, du moment que la vente est résolue. La loi 4, § 1, *de leg. comm.* ne contrarie nullement notre solution, comme on pourrait le croire : en effet, elle statue pour le cas où le vendeur aurait convenu qu'il garderait une partie du prix, comme compensation des fruits et des dommages-intérêts, que l'acheteur pourrait lui devoir : ainsi entendue, cette loi ne donne qu'une décision juste et équitable.

Quant aux risques, il est évident, que si la *lex commissoria* constitue une condition résolutoire, l'acheteur supportera les risques.

En effet, si la chose a péri en totalité pendant l'intervalle, le vendeur se gardera bien d'invoquer la résolution ; il agira *ex vendito*, en paiement du prix, comme il en a le droit, et la condition ne s'accomplira pas.

Que si, avant l'accomplissement de la *lex commissoria*, la chose ne subit qu'une détérioration, cette détérioration serait supportée par le vendeur, s'il était assez imprudent pour demander la résolution ; mais, comme il est libre d'y renoncer, il réclamera le prix et fera retomber ainsi sur l'acheteur la perte partielle comme la perte totale. (L. 2, *de leg. comm.*)

2° *Des effets de la condition résolutoire à l'égard du vendeur.*

La question de savoir si la condition résolutoire peut imposer des obligations au vendeur se présente dans deux circonstances : 1° lorsque le vendeur a reçu des arrhes; 2° lorsqu'il a reçu des à-compte sur le prix.

PREMIÈRE QUESTION. — *Le vendeur est-il obligé à la restitution des arrhes?* — Dans la pratique, on ajoutait à la vente une clause portant qu'à défaut de paiement du prix, dans le terme convenu, les arrhes seraient perdues. C'est ce qui résulte notamment de la loi 8, *de leg. comm.*, et de la loi 1, au Code, *de pact. int. empt. et vend.* De là, quelques interprètes ont conclu que l'acheteur perdait les arrhes dans le cas seulement où une convention expresse à cet égard était intervenue entre les parties.

Mais nous croyons, au contraire, que la perte des arrhes était de droit commun. De ce que, dans le but de prévenir toute espèce de doute, les parties ont [prévu dans leur contrat les résultats qui se seraient produits, abstraction faite de toute réserve exprimée, conclure que ces résultats ne peuvent pas avoir lieu, parce qu'ils n'ont pas été formellement réservés, c'est une mauvaise manière de raisonner. « Quæ dubita- « tionis tollendæ causa contractibus inserun- « tur, jus commune non lædunt. » (L. 56, *pr. mandati vel contra*). Les clauses qui sont insérées dans les contrats, pour lever toute espèce de doute, ne portent aucune atteinte au droit commun.

Les arguments tirés des textes tombent du reste devant la loi 6, *de leg. comm.*, où l'on voit Scévola décider que l'acheteur encourt la perte des arrhes, sans supposer que cette perte ait été expressément convenue. Quant à la raison d'équité invoquée en faveur du système que nous combattons, elle n'est pas aussi évidente qu'on le dit. Quelle injustice y a-t-il donc à ce que le vendeur garde les arrhes, alors qu'elles ont été données en signe de l'indissolubilité du contrat, et que le contrat se trouve précisément dissous par la faute de l'acheteur ?

DEUXIÈME QUESTION. — *Le vendeur est-il obligé de restituer les à-compte qu'il a touchés ?* — Dans une première opinion, on dit que l'acheteur perd de droit les à-compte qu'il a payés. On se fonde sur la loi 6, *de leg. comm.*, où Scévola décide que l'acheteur perd les arrhes ou ce qu'il a donné *alio nomine*. Mais il nous répugne de croire que ces mots *alio nomine* aient la portée qu'on leur attribue. Autre chose est la perte des arrhes, autre chose la perte des à-

compte. Les unes ont été données comme témoignage et comme signe de l'indissolubilité du contrat; les autres en exécution de la vente. Comment les jurisconsultes auraient-ils mis sur la même ligne des choses si différentes et auraient-ils permis au vendeur de retenir ce qui a été payé pour l'exécution d'un marché dont il demande la résolution ? L'acheteur qui aurait rempli une partie de ses engagements, qui aurait soldé la majeure portion du prix, serait moins bien traité que celui qui, plus coupable, n'aurait donné aucune satisfaction au vendeur !
— Nous sommes convaincu, pour notre part, que Scévola a voulu parler des frais du contrat ou des sommes modiques données à titre de présents d'usage.

On se fonde aussi sur la loi 4, §1, *de leg. comm.* où Ulpien, rapportant une opinion de Nératius, décide que l'acheteur peut retenir les fruits *cum pretium quod numeravit perdididit.* Mais ce texte ne résout pas la question. Le jurisconsulte s'occupe d'établir une dérogation aux principes rigoureux du droit, qui exigent la restitution des fruits pour le cas où l'acheteur perd une partie du prix; mais quand la perd-il ?

C'est ce que ni Ulpien ni Nératius ne nous disent; et c'est ce qui est à établir.

Tous les raisonnements, du reste, s'évanouissent devant la loi 6 au Code, *de pactis int. empt. et vend.*, qui établit d'une manière générale que, dans le cas où un fonds a été vendu sous certaines conditions, et où l'acheteur a violé le contrat, il doit restituer la chose avec les fruits, et que le vendeur, de son côté, doit rendre les sommes qui lui ont été payées. Une fois que la vente est résolue, les à compte seraient retenus sans cause; ils peuvent par conséquent être répétés en vertu d'une *condictio sine causa*.

Dans une deuxième opinion on distingue : si la chose vendue et livrée à l'acheteur ne produit pas de fruits, celui-ci peut réclamer la restitution des à-compte; dans le cas contraire, il a la faculté de les exiger ou de les laisser au vendeur en retenant les fruits à titre de compensation. Cette distinction n'a aucun fondement. Dans les textes, rien n'indique l'idée d'un choix laissé à l'acheteur; la perte du prix y est présentée comme absolue; on fait seulement une grâce à l'acheteur en lui permettant de garder les fruits. Au surplus, Nératius et Ulpien invoqueraient-ils l'humanité, si pour l'acheteur il s'agissait d'un droit ?

Reste une troisième opinion, qui consiste à dire que les à-compte sont perdus pour l'acheteur quand il s'est soumis à cette perte par une clause expresse du contrat. C'est dans cette hypothèse que se plaçaient, dit-on, les jurisconsultes pour apporter à la rigueur du droit un tempérament d'équité, et pour éviter à l'acheteur une double perte, celle des à-compte et celle des fruits.

Deuxième hypothèse. — La *lex commissoria* a été apposée à la vente comme condition suspensive.

La condition suspensive consistant dans le paiement du prix, si ce paiement a lieu, l'*actio empti* prend naissance au profit de l'acheteur, qui dès lors peut forcer le vendeur à lui livrer la chose, si la tradition n'a pas encore eu lieu, et le contraindre à la garantie contre les troubles et évictions.

Si la tradition a déjà été effectuée, et que le vendeur soit propriétaire, la propriété passe sur la tête de l'acheteur, qui peut invoquer et se voir opposer les jugements obtenus pour ou contre le vendeur (Arg. L. 63, *de re judicata*); si le vendeur n'est pas propriétaire, l'acheteur commence à usucaper *pro emptore*.

Quant aux fruits perçus pendant l'intervalle, ils restent au vendeur (L. 8, *de per. et comm. rei vend.*). En ce qui concerne les risques, sans doute, dans les ventes conditionnelles, la perte totale est supportée par le vendeur, et la perte partielle par l'acheteur (L. 8, *de peric. et comm. rei vend.*). Mais dans l'espèce, la question ne pourra guère se soulever. La réalisation de la condition étant ici au pouvoir de l'acheteur, il se gardera bien de payer le prix soit en cas de perte totale, soit en cas de perte partielle, et pourra ainsi faire retomber sur le vendeur non seulement la perte totale, mais aussi les détériorations.

Effets de la lex commissoria *à l'égard des tiers.*

Quant aux effets de la *lex commissoria* à l'égard des tiers, ils dépendent de la controverse mentionnée plus haut, sur le point de savoir, si le vendeur a dans ce cas une action personnelle, ou bien s'il a la revendication de la chose vendue. Nous avons dit que sous Justinien, il avait la revendication et que tous les droits réels constitués par l'acheteur dans l'intervalle, s'évanouissaient par l'arrivée de la condition résolutoire.

L'ancien système était peut-être préférable, dans une législation où l'on n'avait organisé aucune publicité pour avertir les tiers, qui pourraient contracter avec l'acheteur, dans la croyance qu'il est propriétaire irrévocable : la clandestinité des charges, qui grèvent la propriété, paralyse l'essor du crédit. Ce sont des idées, qui aujourd'hui sont admises par tous ; mais que les Romains n'ont guère connues, se souciant peu du développement du crédit public.

Nous ajouterons, qu'on avait coutume de joindre à la *lex commissoria* cette clause, que si le vendeur était forcé de reprendre la chose vendue, et qu'il la revendît à plus bas prix, le premier acheteur lui devrait compte de la différence : on donnait, en ce cas, au vendeur l'*actio ex vendito*. L. 4, § 3, *de leg. comm.*

Il nous reste à dire quelques mots à propos d'une convention, qui avait quelques rapports avec le pacte commissoire mentionné dans la vente. Dans le principe, lorsqu'un débiteur constituait un gage pour sûreté de sa dette, il accordait expressément au créancier, pour le cas où il ne serait pas payé au terme fixé, le droit d'aliéner la chose donnée en gage, afin de se satisfaire sur le prix. Cette clause devint très fréquente, et finit par être sous-entendue, comme étant de la nature de toute constitution de gage.

Voici une autre clause semblable, qui n'eut pas le même succès : Dans l'ancien droit, le créancier gagiste stipulait souvent que la chose donnée en gage lui resterait, dans le cas où il ne serait pas payé à l'échéance de la dette. L. 4 D. *De pig. act.* Cette clause fut prohibée par Constantin : c'était une clause immorale, parce que le créancier, faisant la loi, pouvait acquérir à vil prix les biens de son debiteur, sans qu'il y eût aucune garantie pour le malheureux débi-teur, contre l'avidité de créanciers usuriers, V. M. Pellat, Traité du droit de gage et d'hypo-thèque, p. 34 et 35.

DROIT FRANÇAIS

DE L'ACTION RÉSOLUTOIRE

DU PRIVILÉGE DU VENDEUR.

Nous avons vu que le droit Romain ne
connaissait ni d'action résolutoire tacite ni de
privilège du vendeur non payé. De deux choses
l'une : ou le vendeur suivait la foi de l'acheteur
en vendant à crédit et à terme, et alors le
contrat était entièrement consommé, *statim res
fit emptoris*. (Inst. de Just., *de rer. div.* § 41) en

sorte que le vendeur n'avait plus qu'une action personnelle en payement du prix ; ou le vendeur avait vendu sans terme, et, alors bien qu'il eût livré la chose, il conservait la propriété et pouvait revendiquer la chose en cas de non-paiement, en sorte qu'il n'avait besoin ni de privilège ni d'hypothèque. Le privilège du vendeur est donc de droit français, comme Pothier en fait la remarque : *com. de la cout.* d'Orléans, art. 545, note 2). Il a pris sa source dans une clause de précaire, qui devint si usitée qu'on la sous-entendait, voulant que le vendeur ne demeurât pas privé de la chose et du prix. Les art. 176 et 177 de la coutume de Paris consacrent formellement le privilège du vendeur de meubles, qu'il eût ou non accordé un terme, et cette coutume était si favorable que la jurisprudence l'étendit aux coutumes muettes.

Le Code s'est conformé à une jurisprudence si générale et si équitable ; il a accordé au vendeur un privilège sur le prix de l'objet vendu, et en outre le droit de faire résoudre la vente, s'il ne peut parvenir à se faire payer.

Nous nous occuperons en premier lieu de l'action résolutoire.

Si l'acheteur n'exécute pas sa principale obligation, celle de payer le prix, le vendeur peut poursuivre en justice la résolution de la vente : art. 1654 : si l'acheteur ne paie pas le prix, le vendeur peut demander la résolution de la vente; ce droit existe pour le vendeur de meubles comme pour le vendeur d'immeubles. Quelques auteurs refusent ce droit de résolution au vendeur de meubles, sur le motif que la loi ne s'en explique que pour les immeubles, tandis qu'il consacre une autre théorie pour le vendeur de meubles, auquel il accorde une résolution de plein droit, mais seulement lorsque l'acheteur manque de venir prendre livraison, au terme convenu, art. 1657. On rejette généralement cette décision, en se fondant sur le principe général de l'art. 1184 et l'art. 1654 qui ne permettent pas de distinguer entre les ventes de meubles et les ventes d'immeubles.

Si l'acheteur manque à sa principale obligation, celle de payer le prix, le vendeur peut ou poursuivre le paiement du prix, et dans ce cas, la loi lui accorde un privilége sur le prix de la chose vendue, ou demander en justice la résiliation de la vente : ces deux droits lui sont accordés pour forcer l'acheteur au paiement du prix et garantir la créance du vendeur. Le droit de résolution du vendeur est l'application d'un principe plus général; car dans tout contrat synallagmatique, la condition résolutoire est toujours sous-entendue pour le cas, où l'une des parties contractantes n'exécuterait pas son obligation, art. 1184. Dans ce cas, la vente n'est pas résolue de plein droit : il faut que la résolution en soit demandée en justice, et le juge peut accorder un délai, pour le paiement du prix. Cependant la loi oblige le juge à prononcer de suite la résolution, quand le vendeur est en danger de perdre la chose vendue et le prix art. 1655. Si donc l'acheteur est sur le point de faire des dégradations considérables sur l'immeuble vendu, le juge devra prononcer immédiatement la résolution de la vente, pour que le vendeur puisse se remettre en possession de l'immeuble. On s'est demandé si le juge avait la même faculté d'accorder un délai dans les ventes de meubles ? de ce que la loi ne s'en explique que pour les immeubles, on a pensé que le juge n'avait pas ici la même faculté et qu'il devait prononcer la résolution de la vente.

Mais l'opinion générale est que le législateur ne s'est pas expliqué pour les ventes de meubles, par ce que en fait, il arrivera rarement que le vendeur ne soit pas en danger de perdre la chose et le prix, et le juge devra prononcer immédiatement la résolution. Cependant si le juge reconnaissait que le vendeur n'eût aucun danger, il pourrait accorder un délai; on applique ici par analogie l'art. 1655; mais cela ne se présentera pas souvent : dans les ventes d'immeubles, au contraire, c'est le cas le plus fréquent, l'immeuble est une garantie solide pour le vendeur parce que l'acheteur ne peut pas le déplacer, ni le détruire comme il pourrait le faire pour un objet mobilier.

Dans tous les cas, si le juge accorde un délai à l'acheteur pour payer le prix, il ne peut pas, à l'expiration de ce délai, accorder un nouveau délai; art. 1655, *in fine.* La loi semble l'obliger à prononcer la résolution de la vente. C'est pourquoi l'on se demande si l'acheteur pourrait venir faire au vendeur des offres valables de payer le prix, après l'expiration du délai, mais avant que le jugement prononçant la résolution de la vente soit rendu ?... on peut dire que l'acheteur peut toujours payer, et par là empêcher que la résolution de la vente soit prononcée; car la vente existe tant qu'elle n'est pas résiliée par une sentence du juge; or du moment que l'acheteur offre de payer, par là il empêche la résiliation de la vente, qui n'aurait plus de raison d'être.

Dans les ventes mobilières, l'action résolutoire ne peut s'exercer contre les tiers-acquéreurs, parceque ceux-ci sont protégés par la règle : *qu'en fait de meubles possession vaut titre*: art. 2279. Mais dans les ventes immobilières il en est différemment : le vendeur peut, après avoir fait prononcer la résolution de la vente contre l'acheteur, revendiquer les immeubles vendus entre les mains des tiers-détenteurs : ceux-ci tiennent leurs droits du premier acheteur, qui par la résolution de la vente se trouve n'avoir eu aucun droit sur l'immeuble : *soluto jure dantis, resolvitur jus accipientis*: tous les droit réels que l'acheteur a consentis, tombent par la résolution de la vente. Cependant il se pourrait que le vendeur eût conservé son action résolutoire contre l'acheteur, et qu'il puisse être valablement repoussé par les sous-acquéreurs de l'immeuble vendu. En effet, dans les rapports du vendeur et de l'acheteur, l'action résolutoire, comme toute action ordinaire, est soumise à la prescription trentenaire ; art. 2262 ; prescription qui ne commence à courir qu'à partir de l'expiration du terme fixé pour le paiement du prix, art. 2257. Les sous-acquéreurs commencent à prescrire du jour même de leur entrée en possession, et même, ils peuvent, suivant l'opinion la plus généralement adoptée, invoquer la prescription de dix et vingt ans ; art. 2265 : et cela lors même qu'ils auraient su au moment de leur acquisition, qu'un prix était dû à l'ancien vendeur ; car ils ont pu croire que l'acheteur paierait : si le sous-acquéreur était chargé par son contrat de payer le vendeur ; il ne pourrait exciper que d'une prescription de trente ans ; car il serait obligé personnel.

De cette manière, il pourra se faire que le vendeur obtienne la résolution de la vente contre l'acheteur, sans pouvoir inquiéter les tiers-détenteurs.

Que faut-il décider lorsque le meuble vendu et non payé a été immobilisé ? — Il est bien vrai que dans les rapports du vendeur à l'acheteur, l'immobilisation n'empêche pas l'effet de l'action résolutoire du vendeur, pour défaut de paiement du prix de vente : mais la plupart des auteurs et la jurisprudence sont d'avis qu'il faut en décider autrement lorsqu'il s'agit d'un conflit entre le vendeur et les tiers qui ont acquis sur l'immeuble des droits réels, une simple hypothèque. En effet, l'acheteur aurait pu donner en gage cet effet mobilier, et le créancier gagiste aurait pu invoquer sa bonne foi et sa possession contre le vendeur non payé; s'il en est ainsi, pourquoi ne pas décider de même, quand le meuble a été immobilisé par destination. Le créancier hypothécaire n'est-il pas un tiers qui a acquis un droit de gage sur tout l'immeuble avec tous ses accessoires? Ne peut-il pas invoquer sa bonne foi et l'art. 2270, contre l'action du vendeur?

Le privilége et l'action résolutoire sont deux droits distincts et indépendants l'un de l'autre : le vendeur, qui a perdu le privilége, conserve l'action résolutoire; la perte de l'un le réduit à n'avoir plus que le second; mais évidemment il a ce dernier. Ce résultat a paru tellement choquant, que les tribunaux ont dans le principe hésité à appliquer cette solution. Il paraît bizarre, en effet, que celui qui peut résoudre la vente, ne puisse pas venir se faire colloquer sur le prix de la chose vendue : *qui peut le plus peut le moins*. On conçoit qu'un créancier conserve son privilége ayant perdu l'action résolutoire; mais celui qui conserve l'action résolutoire, droit plus fort, plus important, devrait pouvoir exercer le privilége sur le prix.

Ce système bizarre, inconséquent, a été reconnu pour être le système suivi par le Code: le vendeur conservait toujours l'action résolutoire, à moins qu'il n'y eût renoncé: il en était ainsi, lors même que l'immeuble avait subi les longues formalités de la purge, lors même qu'il avait été adjugé après avoir passé par la procédure compliquée de l'expropriation forcée. Pour ce dernier cas, une loi du 2 juin 1841 a apporté une heureuse modification dans un article, qui est devenu l'art. 717 du C. de Procéd. civile: elle décide que le vendeur, qui veut conserver son action résolutoire, doit en notifier la demande au greffe du tribunal, où se poursuit la vente. Mais si le vendeur négligeait de former cette demande dans le délai utile, on continue rait les poursuites, et l'adjudicataire ne pourrait plus être inquiété: le vendeur créancier du prix ne conserve que le droit de se faire colloquer par privilége sur le prix d'adjudication.

Une autre question délicate s'élève sur le point de savoir si le vendeur, qui peut poursuivre ou la résolution de la vente ou le paiement du prix, peut perdre sa faculté d'option, en exerçant des poursuites ?

Il est certain que des poursuites extrajudiciaires telles qu'une sommation de payer, ne la lui font pas perdre : l'art. 1656 oblige même le vendeur à faire une sommation de payer, pour mettre l'acheteur en demeure : art. 1656 : « S'il a été stipulé lors de la vente d'immeubles que, faute de paiement du prix dans le terme convenu, la vente serait résolue de plein droit, l'acquéreur peut néanmoins payer après l'expiration du délai, tant qu'il n'a pas été mis en demeure par une sommation, » il serait bizarre que la sommation qui est nécessaire pour donner ouverture au droit de résolution du vendeur, le lui fît perdre. Mais peut-il varier dans son option tant qu'un jugement n'est pas intervenu, au moins tant que l'acheteur n'a pas acquiescé à la demande du vendeur? c'est ici que la question devient douteuse. Pothier pensait que le vendeur ne pouvait pas varier dans son option. Vente, n° 451 : en cela il s'inspirait des idées du droit romain. Je préfère l'opinion contraire, dans laquelle on invoque les raisons suivantes. L'unique but du vendeur est de se faire payer le prix : pour y parvenir, la loi lui accorde deux droits, deux armes, dont il peut user facultativement; il peut exercer des poursuites pour arriver au paiement, et si elles n'aboutissent pas, demander la résolution de la vente. Cette décision n'est guère contestée, quand il s'agit des rapports du vendeur à l'acheteur. Mais la jurisprudence décide que le vendeur perd son action résolutoire, lorsque, dans une expropriation forcée, il est intervenu à l'ordre ou a poursuivi l'adjudication : elle se fonde sur ce que, par sa coopération, ou du moins par sa présence, il a ratifié tout ce qui s'est fait. Quelques auteurs pensent que c'est là un tempérament, que la jurisprudence apporte à la rigueur de la loi : il lui répugne de voir des frais énormes se faire en pure perte au détriment du débiteur et de ses créanciers. Mais le principe qui doit nous guider est celui-ci : c'est que le vendeur n'a point perdu le droit de recourir à l'action en résolution, moyen extrême, lorsqu'il a vu que tout espoir d'obtenir paiement lui échappe : il est même logique et naturel que le vendeur fasse des poursuites, pour tâcher d'arriver au paiement, à l'exécution même des obligations résultant de la vente, avant de recourir au moyen extrême de résolution. Cependant cette décision doit être modifiée par l'art. 692 du C. de proc. civ. ; dans ce cas la loi permet exceptionnellement de mettre le vendeur en demeure de choisir entre la résolution ou le privilége : s'il opte pour ce dernier, la procédure d'expropriation continue, et l'adjudicataire n'est plus menacé de l'action résolutoire du vendeur. On pourrait encore décider que le vendeur perd son action résolutoire, lorsque lui-même, il poursuit l'expropriation de son débiteur; on peut dire, que, en offrant au public la propriété de la chose, qu'il met en vente, il consent à ce que l'adjudication transfère, non pas seulement une propriété résoluble, ce qui écarterait les surenchérisseurs, mais une propriété définitive, irrévocable et par conséquent affranchie de son droit de résolution.

Nous avons dit, que, suivant l'opinion générale des auteurs, les ventes mobilières sont, comme les ventes immobilières, sujettes à la résolution tacite pour défaut de paiement du prix de vente, art. 1654. Le législateur donne même une protection plus forte au vendeur d'effets mobiliers : il dispose dans l'art. 1657, que, si le vendeur le veut, la vente sera résolue de plein droit et sans sommation dans le cas où l'acheteur ne vient pas prendre livraison au terme convenu : l'acheteur est donc mis en demeure par l'expiration seule du terme. Pour justifier cette décision du législateur, on dit que les meubles étant sujets à se détériorer en peu de temps et à éprouver des variations fréquentes dans leur valeur, le moindre retard pourrait porter préjudice au vendeur.

L'acheteur n'a pas le droit de garder les fruits, mais aussi le vendeur doit compte des intérêts de la portion du prix, qu'il a reçue : c'est une conséquence du principe, que les parties doivent être replacées dans la situation, où elles seraient, sans la vente. Néanmoins, ce principe ne doit pas être appliqué si rigoureusement, qu'il faille annuler les baux, que l'acheteur a faits sans fraude, des biens vendus : il est évident que le vendeur lui a donné mandat d'administrer le bien, tant que leurs droits seraient en suspens : l'art. 1673 nous fournit un puissant argument d'analogie.

Il ne faut pas confondre l'action résolutoire tacite, dont parlent les art. 1184 et 1654, avec la condition résolutoire expresse, dont parle l'article 1656. La résolution s'accomplit plus ou moins facilement, selon qu'elle est ou non stipulée; mais une fois accomplie, elle produit les mêmes effets dans les deux cas.

Quand il s'agit de la clause résolutoire tacite, la vente subsiste, jusqu'à ce que la résolution en soit prononcée : quand elle est expresse, le jugement la constate plutôt qu'elle ne la prononce : cette dernière se rapproche davantage du pacte commissoire des Romains. De là la conséquence, que lorsque c'est l'action résolutoire tacite, l'acheteur peut toujours empêcher la résolution de la vente, tant que le jugement n'est pas prononcé : il peut donc faire des offres valables pour le paiement du prix de vente. De là, la conséquence que dans ce cas, le juge a la faculté d'accorder un délai à l'acheteur pour exécuter son obligation, art. 1655 : « La résolution de la vente d'immeubles est prononcée de suite si le vendeur est en danger de perdre la chose et le prix. Si ce danger n'existe pas, le juge peut accorder un délai plus ou moins long suivant les circonstances. — Ce délai passé sans que l'acquéreur ait payé, la résolution de la vente sera prononcée. »

Il en est différemment, quand la clause résolutoire est expresse : art. 1656. « S'il a été stipulé lors de la vente d'un meuble, que, faute du prix dans le terme convenu, la vente serait résolue de plein-droit, l'acquéreur peut, néanmoins, payer après l'expiration du délai, tant qu'il n'a pas été mis en demeure par une sommation : mais, après cette sommation, le juge ne peut pas lui accorder de délai. » Le juge ne fait que constater la résolution de la vente, qui prend une plus grande force dans la convention expresse des parties; il ne pourrait accorder aucun délai, et l'acheteur ne pourrait pas venir faire des offres, depuis que la sommation de payer est restée infructueuse. Cepen-

dant, même, la clause résolutoire expresse diffère du pacte commissoire des Romains, en ce
que l'expiration seule du terme ne met pas l'a-
cheteur en demeure, et ne donne pas ouverture
à la clause résolutoire : il faut une sommation
de payer pour le mettre en demeure; mais, si
l'acheteur n'obéit pas à cette mise en demeure,
la résolution s'opère, la clause résolutoire est
encourue. — Que décider de la clause dans laquelle les parties seraient expressément conve-
nues, que, faute de paiement du prix au terme
fixé, la vente serait résolue de plein droit et sans
sommation ?.... Il faudait respecter la volonté
des parties; on rentrerait dans l'application de
ce principe, que, *les conventions font loi entre
les parties* : art. 1134. D'ailleurs l'art. 1139 suppose, qu'une pareille convention peut être valablement faite, en disant que le débiteur peut
être mis en demeure : « par l'effet de la convention lorsqu'elle porte que, sans qu'il soit besoin
d'acte et par la seule échéance du terme, le
débiteur sera en demeure. »

En effet, le Code s'est écarté avec raison de
l'ancienne jurisprudence : dans l'ancien droit,
le pacte commissoire, le plus formel, n'avait

pas pour effet de résoudre la vente de plein droit; la résolution devait toujours être prononcée en justice, et jusqu'à la sentence, l'acheteur pouvait faire des offres valables de paiement. Bien plus, malgré la volonté contraire des parties formellement exprimée, le juge pouvait même accorder un délai de grâce pour exécuter le paiement, on venait en aide à l'acheteur autant que possible, pour lui permettre d'exécuter le paiement et ainsi empêcher la résolution de la vente, qui produit des résultats funestes non-seulement pour l'acquéreur, mais encore pour ses ayant-cause.

Cette théorie a été rejetée par le Code comme portant atteinte à la liberté des conventions, qui doivent être exécutées suivant l'intention des parties contractantes : lorsque par une clause expresse, les parties ont convenu que la vente serait résolue en cas de non-paiement du prix au terme convenu, c'est une condition qui opère de plein droit; le juge ne peut plus substituer son pouvoir discrétionnaire à la volonté commune des parties, en accordant un délai; l'acheteur ne peut plus faire des offres valables de paiement. Cependant le législateur moderne a admis ici un tempérament favorable à l'acheteur, en lui permettant de purger sa demeure, tant qu'il n'est pas sommé de payer : mais la sommation de payer restée infructueuse, la résolution est encourue de plein droit, si le vendeur le veut.

Quelle est la nature de l'action résolutoire ? Il faut distinguer, si l'immeuble est ou non resté entre les mains de l'acheteur. Si l'acheteur le possède, l'action est mixte dans le sens des actions mixtes de l'art. 59 du code de Proc. Civ. : on trouve dans cette action un certain caractère de personnalité et de réalité tout à la fois : elle est personnelle en ce qu'elle oblige l'acheteur à résoudre la vente, mais en même temps, elle a pour but de revendiquer l'immeuble : car dès l'instant où la résolution de la vente est prononcée, l'action devient réelle, et le vendeur peut revendiquer l'immeuble, comme s'il n'avait jamais cessé d'être propriétaire. — Quand l'immeuble vendu est possédé par des tiers, l'action est personnelle contre l'acheteur, puisqu'elle tend à obtenir la résolution de la vente ; elle est réelle contre les tiers-détenteurs ; car une fois la vente résolue, le vendeur est censé n'avoir pas cessé d'être propriétaire, et par conséquent c'est une action en revendication qu'il exerce contre les tiers détenteurs, qui, nous le supposons, n'ont contracté aucune obligation personnelle à l'égard du vendeur. S'ils sont actionnés, ce n'est donc pas comme obligés personnels, mais seulement comme détenteurs de l'immeuble, qui par l'effet de la résolution de la vente fait retour de plein droit au vendeur.

Le vendeur peut-il actionner directement le détenteur et franchir son acquéreur immédiat?

Pour résoudre cette question, il faut distinguer si le sous acquéreur a été chargé dans son contrat de vente, de payer le prix au vendeur, ou s'il n'a pris aucun engagement de cette sorte. Dans le premier cas, il est obligé personnel du vendeur, et s'il n'exécute pas l'obligation qu'il a contractée, celle de désintéresser le vendeur, ce dernier peut s'adresser directement au sous-acquéreur pour demander la résolution de la vente pour inexécution des conditions et ainsi rentrer en possession de l'immeuble.

Il en serait autrement dans le cas où le tiers-détenteur n'aurait contracté aucune obligation personnelle envers le vendeur. Comment celui-ci pourrait-il actionner directement le sous-acquéreur ? comme obligé personnel ? Mais il n'a pas contracté avec le vendeur; il est complètement étranger à la première vente. — Sera-ce comme tiers-détenteur de l'immeuble?... Mais le vendeur n'est plus propriétaire, tant que la vente subsiste, tant que la résolution n'en est pas prononcée en justice. Pour faire évanouir la propriété, les droits du sous-acquéreur, il faut que le vendeur commence par faire prononcer la résolution de la vente, contre l'acquéreur : une fois la résolution de la vente prononcée, tous les droits consentis par l'acquéreur tombent comme constitués *a non domino*, et c'est alors qu'il pourra revendiquer entre les mains du sous-acquéreur un immeuble dont la propriété est censée ne l'avoir jamais quitté.

Lorsque le vendeur actionne l'acheteur encore en possession de l'immeuble, il pourra former sa demande ou devant le tribunal du domicile de l'acquéreur, ou devant celui de la situation de l'immeuble à son choix (Art. 59, C. de Proc. civ.). — S'il n'est plus en possession, il ne pourra l'actionner que devant le tribunal de son domicile.

Après avoir obtenu la résolution de la vente, le vendeur actionnera le tiers-détenteur devant le tribunal de la situation de l'immeuble. Et même à cause de la connexité de leurs causes et pour plus de célérité et d'économie de frais, il pourra actionner en même temps et l'acquéreur et le tiers-détenteur au tribunal du domicile de l'acquéreur ou bien à celui de la situation de l'immeuble au choix du demandeur : évidemment il y a connexité, puisque la résolution de la vente prononcée va faire tomber du même coup tous les droits du sous-acquéreur.

Bien que les principes de droit civil exigent que les parties soient remises au même état où elles seraient si elles n'avaient pas contracté, et que la vente résolue soit censée n'avoir jamais existé (art. 1183 et 1184), elles ne peuvent utilement s'en prévaloir pour répéter de la régie les droits de mutation qu'elles ont payés : lors même qu'elles ne les auraient pas encore acquittés, elles ne seraient pas dispensées de le faire. C'est une règle en matière d'enregistrement, qu'on ne rend jamais ce qui a été dûment perçu dans le principe, quels que soient les événements postérieurs.

Il y a même plus : la régie perçoit deux droits de mutation : l'un lors de la formation du contrat de vente, l'autre lors de sa résolution : comme le faisait l'ancien droit ; elle regarde la résolution de la vente comme une revente, qui donne lieu à de nouveaux droits de mutation.

Cependant si le contrat n'a pas encore reçu d'exécution, si l'acheteur n'a pas été mis en possession, la résolution de la vente ne donne pas lieu à un droit proportionnel, on ne paie qu'un droit fixe. On peut donner pour raison de cette disposition que la régie craint les fraudes; elle craint que les résolutions de vente ne cachent des reventes; mais quand la vente n'a reçu aucune exécution, que l'acheteur n'a pas été mis en possession, elle pense que la résolution de la vente pour défaut de paiement du prix est sincère.

DU PRIVILÉGE DU VENDEUR.

Dans une première partie, nous nous occuperons du privilége du vendeur de meubles; dans une seconde partie, nous traiterons du privilége du vendeur d'immeubles.

§ 1. *Privilége du vendeur mobilier.*

La loi accorde au vendeur de meubles, quand il n'est pas payé de son prix, le droit de se faire colloquer par préférence sur le prix des objets vendus: mais il n'a ce privilége qu'à la condition que les meubles soient encore dans la possession de l'acheteur et qu'ils soient reconnaissables. Le vendeur non payé n'est nullement protégé contre les aliénations et les constitutions de gage, que l'acheteur peut consentir: les tiers-acquéreurs; s'ils sont de bonne foi, peuvent lui opposer la maxime: « En fait de meubles possession vaut titre ». On reconnaît, que, si l'acheteur a vendu, mais qu'il n'ait pas encore livré, ou bien qu'il ait vendu et livré, mais que le tiers acquéreur soit de mauvaise foi, le vendeur conserve son privilége : ces mots de l'art. 2102 4°: « S'ils sont encore en la possession du débiteur » n'ont pour but que de protéger les tiers-détenteurs de bonne foi, qui peuvent opposer au vendeur la maxime : « En fait de meubles possession vaut titre : » Si l'acheteur a simplement donné en gage l'objet vendu, le privilége du vendeur ne passe qu'après celui du créancier gagiste de bonne foi: la loi fait elle-même l'application de ce principe dans les art. 1813 et 2104 4° *in fine*, en décidant que le vendeur non payé ne passerait qu'après le locateur, qui, s'il est de bonne foi, peut invoquer l'art. 2279, puisqu'il a un droit de gage sur tout ce qui garnit sa maison. M. Troplong pense que lorsque l'acheteur a donné le meuble en gage, il n'a pas la possession exigée par l'art. 2102, et que le vendeur ne peut plus exercer son privilége même en désintéressant le créancier gagiste. Tome 1er des Priv. n° 185. Mais son opinion est généralement repoussée.

Il faut en deuxième lieu que le meuble vendu soit reconnaissable : que le vendeur puisse dire aux autres créanciers : « Voilà la valeur que j'ai mise dans le patrimoine du débiteur : il est par conséquent juste que le prix de cette chose serve à me désintéresser; autrement vous vous enrichiriez à mes dépens. » Je pense qu'il pourrait tenir le même langage, si le meuble avait été vendu, mais que le prix ne fût pas encore versé entre les mains du vendeur ?

Cependant des autorités graves contestent cette décision (V. M. Valette, n° 86 : *Des privi-léges et hypothèques*; Persil, sur l'art. 210284. n° 1).

On refuse au vendeur de meubles le droit de venir sur le prix encore dû, par les raisons suivantes : pour que le vendeur de meubles ait un privilége sur le prix des meubles vendus à des tiers, pour que ce prix soit affecté au paiement de sa créance, il faut qu'il soit fixé, non pas par une vente amiable, mais à la chaleur des enchères publiques soit à la requête des créanciers, soit par les soins d'un administrateur, héritier bénéficiaire ou curateur à la succession vacante, lequel représente la masse des créanciers : la vente à l'amiable ne présente pas pour les créanciers assez de garantie, le prix peut être fort inférieur au prix réel, et de cette manière la masse des créanciers souffrirait du privilége du vendeur.

A ce système on peut reprocher, en premier lieu, de ne pouvoir pas s'appliquer dans un cas bien remarquable; le vendeur d'un office a, comme nous le verrons plus bas, un privilège sur le prix de l'office. Mais s'il faut, pour que le vendeur puisse valablement exercer son privilège, que le prix de l'office soit fixé aux enchères, il arrivera que le privilége du vendeur d'un office ne pourra jamais être efficace, puisqu les offices ne peuvent pas être mis aux enchères publiques : voilà donc que le privilége s'éteint par une revente à l'amiable au moment où il pourrait être utilement exercé ! La loi dit bien que le prix d'effets mobiliers non payés, est privilégié, *s'ils sont encore en la possession du débiteur;* mais nous pensons que cette condition n'est établie qu'en faveur des sous-acquéreurs, pour que les meubles puissent librement circuler dans le commerce. N'est-il pas juste que le vendeur d'effets mobiliers soit payé sur le prix de ces meubles, s'il est encore dû ? Ne peut-il pas dire, avec raison, aux créanciers qui lui disputent ce prix, que cette créance n'est que la représentation de la valeur par lui mise dans le patrimoine du débiteur, et qu'il est juste, par conséquent, que cette créance serve à le désintéresser ?

Une discussion s'est élevée, sur le point de savoir quelles sont les choses dont la transmission est garantie par le privilége ; le législateur comprend-il sous le nom d'*effets mobiliers*, non-seulement les meubles corporels, mais encore les meubles incorporels, tels que les créances, les offices.

On soutient la négative, en disant que les mots *effets mobiliers* qu'emploie l'art. 2102, 4°, ne comprennent dans le langage habituel, que les meubles corporels, que le législateur l'a employé dans ce sens, puisqu'il parle de possession, de revendication des effets, ce qui prouve qu'il s'agit de meubles corporels.

Nous préférons l'opinion contraire dans laquelle on invoque les raisons suivantes : il n'est pas exact de dire, que le législateur entend par effets mobiliers, les meubles corporels : en effet, il nous dit lui-même dans l'art. 535, qu'il faut entendre par ce mot, même les créances, en un mot tout ce qui est meuble, art. 529. — La loi, nous dit-on, s'écarte souvent elle-même de cette définition, et emploie le mot effets mobiliers, dans le sens du langage habituel.— Mais rien ne prouve, que ce mot n'a pas dans l'art. 2102, le sens que le législateur lui a donné dans sa définition. D'ailleurs, quelles raisons y aurait-il pour refuser au vendeur de meubles incorporels le privilége qu'on accorde au vendeur de meubles corporels ? le vendeur n'est-il pas également digne, dans les deux cas, de l'intérêt et de la protection du législateur ? Certes, on ne pourrait pas dans le premier système, refuser au vendeur de meubles incorporels le droit de résolution pour défaut de paiement du prix.

Ne serait-ce pas bizarre de lui refuser le droit de venir sur le prix, lorsqu'il a un droit bien plus fort. Il est vrai que cette anomalie se rencontre quelquefois même dans les ventes d'immeubles, on est forcé de le reconnaître, du moins dans le système du Code : mais ce n'est pas une raison pour la voir là où elle n'est pas, ou du moins où elle peut ne pas être, du moment qu'il y a doute sur la pensée du législateur.

Nous ne pensons pas que le deuxième alinéa du 4° de l'art. 2102, parle de l'action résolutoire; celle-ci est donnée dans toutes les ventes, q'elles soient à terme ou sans terme, elle dure tant que le meuble reste en la possession du débiteur. « Le prix d'effets mobiliers, s'ils sont encore en la possession du débiteur, soit qu'il ait acheté à terme ou sans terme. » L'alinéa suivant s'exprime ainsi : Si la vente a été faite sans terme, le vendeur peut même revendiquer ces effets, tant qu'ils sont en la possession de l'acheteur et en empêcher la revente, pourvu que la revendication soit faite dans la huitaine de la livraison, et que les effets se trouvent dans le même état, dans lequel cette livraison a été faite, » suivant l'opinion de la plupart des jurisconsultes, il s'agit ici, non pas d'un droit de résolution, mais d'un droit de revendication de la possession. Le vendeur qui a vendu des effets mobiliers sans terme, comptant être payé sans retard, et qui, sur cette assurance, a livré imprudemment sans être payé, a le droit de revendiquer la possession de l'objet livré, de s'en faire remettre en possession : c'est simplement un moyen de reprendre la position que l'art. 1612 lui permettait de garder, et qu'il a eu l'imprudence d'abandonner. Mais la vente subsiste t le vendeur doit ou poursuivre le payement, ou obtenir la résolution de la vente.

Des droits du vendeur en matière commerciale.

Le Code de commerce a soumis les droits du vendeur à des conditions particulières, à défaut desquelles il ne peut les exercer au détriment de la masse des créanciers du failli.

Art. 550. C. de Com. Le privilége et le droit de revendication, établis par le n° 4 de l'article

2102 du Code civil au profit du vendeur d'effets mobiliers, ne seront point admis en cas de faillite.

Le législateur a voulu que les créanciers d'un commerçant ne soient pas trompés dans leur attente, en voyant enlever leur gage commun. Le crédit d'un commerçant ne se fonde le plus souvent que sur les marchandises qui garnissent ses magasins : les tiers, voyant un gage considérable, sont portés à faire au marchand des avances ; ils négligent de prendre d'autres sûretés que d'ailleurs un commerçant pourrait donner difficilement. Il est donc non-seulement juste et équitable, mais encore nécessaire, pour que le crédit, l'âme du commerce, se développe, que les marchandises renfermées dans les magasins du failli servent de gage commun aux créanciers.

Il fallait donc refuser au vendeur le privilége et l'action résolutoire sur ces marchandises : sans cela, le gage sur lequel tous les créanciers ont pu compter, disparaîtrait en un moment, emporté par les vendeurs non payés. D'ailleurs, le vendeur n'a qu'à y prendre garde et à s'assurer d'avance où il va placer ses marchandises :

mais une fois qu'elles entrent dans les magasins de l'acheteur commerçant avec la destination d'entrer dans le mouvement du commerce, elles deviennent le gage commun des créanciers.

Le législateur n'a pas refusé au vendeur tous ses droits dans des cas où les mêmes raisons n'existent pas. Art. 576 : « Pourront être revendiquées, les marchandises expédiées au failli, tant que la tradition n'en aura point été effectuée dans ses magasins ou dans ceux du commissionnaire chargé de les vendre pour le compte du failli. Néanmoins, la revendication ne sera pas recevable si, avant leur arrivée, les marchandises ont été vendues sans fraude, sur factures et connaissements ou lettres de voiture signées par l'expéditeur.

Le revendiquant sera tenu de rembourser à la masse les à-comptes par lui reçus, ainsi que toutes les avances faites pour fret ou voiture, commission, assurances ou autres frais, et de payer les sommes qui seraient dues pour mêmes causes. »

Le vendeur peut donc revendiquer les marchandises vendues, mais non payées, pourvu que l'on soit dans les conditions suivantes. Il faut :

1° Que ces marchandises ne soient entrées ni dans les magasins de l'acheteur, ni dans ceux du commissionnaire chargé de les vendre pour le compte de ce dernier.

2° Que, pendant le trajet, elles n'aient pas été vendues à des tiers de bonne foi, sur factures et connaissements ou lettres de voiture signées par l'expéditeur.

3° Que l'identité soit bien constante.

Cette revendication n'est pas fondée sur l'idée que le vendeur est propriétaire de ces marchandises : la translation de la propriété s'est opérée par le seul consentement ; le principe des articles 711, 1138 et 1583 reste sauf.

Il s'ensuit que la vente subsistant, les syndics pourraient être autorisés à payer le prix de vente, et par là arrêter la revendication. C'est ce qui arriverait, si le marché était avantageux pour l'acheteur tombé en faillite. Les syndics pourraient également poursuivre l'exécution des ventes conclues, bien que les marchandises n'aient pas été expédiées. Seulement, le vendeur aurait un droit de rétention jusqu'au paiement du prix (art. 577, C. de Com., et 1612, C. civ., combinés).

Le droit de revendication, accordé au vendeur en cas de faillite, est même quelquefois plus facile que celui dont parle le deuxième alinéa du 4° de l'art. 2102. En effet, dans ce dernier cas, le vendeur n'a le droit de revendiquer les meubles vendus, qu'autant qu'il les a vendus sans terme.

Dans le premier cas, le vendeur conserve son droit de revendication, lors même qu'il aurait accordé au failli un long délai pour le paiement du prix. Il est de principe, en matière commerciale, que la faillite rend toutes les dettes exigibles : le failli perd le bénéfice du terme.

Au dernier cas, le vendeur doit revendiquer, dans la huitaine de la livraison, tandis que le vendeur du premier cas peut revendiquer, tant que les marchandises voyagent, tant qu'elles ne sont pas entrées dans les magasins, dix jours, vingt jours, peut-être un mois après la vente.

Il existe de plus grandes différences, quant aux principaux droits du vendeur. Le vendeur ordinaire conserve le privilége et l'action résolutoire, bien qu'il ait suivi la foi de l'acheteur.

Le vendeur en matière commerciale, n'a que le droit de revendication; mais dans les cas où il peut exercer son droit de revendication, il pourrait, à plus forte raison, exercer le privilége et l'action résolutoire.

Pour savoir si la vente doit être réglée par l'application de la loi commerciale, ou par celle de la loi civile, il faut s'attacher à la nature de l'opération, du côté de l'acheteur, et non pas à celle de l'opération du côté du vendeur. Ainsi la vente faite par un non-commerçant à un acheteur commerçant, tombera sous l'application de la loi commerciale. — Il en serait autrement, si le vendeur faisait un acte de commerce, et que l'acheteur fasse une acquisition ordinaire; la vente serait régie par les règles du droit civil.

Des auteurs refusent d'adopter la première décision: ils disent que la *qualité de l'acheteur ne peut rejaillir sur le vendeur et enlever à ce dernier le bénéfice du droit commun.* Troplong, n° 200. Mais le contraire nous semble ne devoir pas faire de doute, et nous nous appuyons sur le texte et l'esprit de la loi. *Le privilége,* dit l'article 550, ci-dessus; etc... *ne sont pas admis en cas de faillite.* Ainsi la loi ne distingue pas si le vendeur est ou non commerçant, s'il fait ou non un acte de commerce: elle ne parle que de l'acheteur; le privilége n'a pas lieu par cela seul que l'acheteur est en état de faillite.

L'esprit de la loi ne concorde pas moins avec cette opinion. En effet, le privilége et l'action résolutoire sont refusés au vendeur, pour que l'acheteur ne puisse pas par des acquisitions à crédit, offrir au public un gage considérable, des magasins garnis de marchandises, et par là attirer de la confiance et du crédit, sauf ensuite en cas de faillite, à voir tout ce gage disparaître sous le coup des priviléges des vendeurs non payés.

Il est évident que cette raison ne s'applique nullement par rapport au vendeur.

Il n'est pas vrai de dire, que la qualité de l'acheteur ne peut rejaillir sur le vendeur. C'est ce qui arrive tous les jours : si je contracte avec un mineur, avec une femme mariée non autorisée, etc., il est bien certain que l'état, la qualité de l'acheteur rejaillira sur moi : je devais savoir qu'en faisant des contrats avec ces personnes, je risquais d'en voir demander la nullité. De même le vendeur commerçant ou non

doit savoir que s'il vend à un acheteur commerçant les marchandises dès qu'elles entreront
dans les magasins de l'acheteur, deviendront le
gage de tous les créanciers.

Du privilége immobilier du vendeur.

Le vendeur d'immeubles a, en outre de l'action résolutoire, un privilége sur l'immeuble
vendu, qui reste affecté au paiement du prix,
art. 2103 1° : « Le vendeur sur l'immeuble vendu,
pour le paiement du prix. » Il est juste que le
bien, que le vendeur a mis dans le patrimoine
de l'acheteur, serve à le désintéresser et soit
affecté au paiement du prix : le vendeur n'a
aliéné l'immeuble, que moins un droit réel, qu'il
retient, pour sûreté du paiement de son prix.
Le vendeur n'acquiert donc pas un privilége;
il ne fait que le retenir. C'est par cette idée,
qu'il est facile de s'expliquer que, les priviléges
de plusieurs vendeurs successifs, viennent par
rang de date, le premier étant préferé au second,
le second au troisième, etc..., contrairement au
principe des art. 2096 et 2097, qui veulent que
les priviléges de même ordre concourent « s'il
y a plusieurs ventes successives, dont le prix

soit dû en tout ou en partie, le premier vendeur est préféré au second, le second au troisième et ainsi de suite • art. 2103. L'on comprend facilement, que Primus, qui vend un immeuble à Secundus, ne le vend que moins un droit réel, qu'il retient pour sûreté du paiement de son prix. Secundus à son tour, en revendant l'immeuble à Tertius, n'a pu lui céder, que ce qui est entré dans son patrimoine, que l'immeuble diminué du droit réel, du privilége retenu par le précédent vendeur, et sur cette valeur qu'il cède, il retient à son tour un privilége, et ainsi de suite.

Le privilége renferme tout ce que contient une hypothèque, si bien que le délai pour prendre inscription une fois passé, il dégénère en hypothèque : art. 2113. Ce qui le différencie de l'hypothèque, c'est qu'il n'est pas, comme elle, soumis à la règle : « Prior tempore, potior jure, » s'il est inscrit à temps, il prime toutes les hypothèques, qui frappent l'immeuble du chef de l'acquéreur, au moment, où il entre dans son patrimoine : c'est ainsi, que le vendeur prime toutes les hypothèques générales, qui sont inscrites à une époque antérieure à la vente, et qui frappent l'immeuble à son entrée dans le patrimoine de l'acheteur, à la date de leurs inscriptions. Si la loi n'avait accordé au vendeur, qu'une hypothèque, le vendeur aurait été primé par toutes les hypothèques générales, qui saisissent l'immeuble au moment de son entrée dans le patrimoine du débiteur ; mais en vertu de son privilége, il les prime, quelque anciennes qu'elles soient. Les hypothèques consenties par l'acquéreur, n'ont pu frapper que ce que le vendeur lui a cédé, que l'immeuble diminué du privilége. Quelques jurisconsultes pensent que les hypothèques générales ne frappent pas l'immeuble à la date de leurs inscriptions, lorsque l'immeuble est acquis postérieurement à leurs inscriptions : elles ont toutes la même date, celle de l'acquisition de l'immeuble : en conséquence, on les fait concourir, comme s'ils avaient pris inscription le même jour : article 2147. L'on voit, que, dans ce système, le privilége du vendeur n'a que l'avantage d'écarter le concours des créanciers hypothécaires, qui, sans la faveur du privilége, viendraient avec le vendeur prendre part au prix.

Le vendeur retient un privilége non-seule-

ment pour le paiement du prix, mais encore
des intérêts : en principe l'accessoire suit le sort
du principal. Cependant, il faut dire ici que le
vendeur a privilége, seulement, pour le prix
déclaré dans l'acte : l'art. 2108 exige que le
prix soit constaté dans l'acte, et il n'aurait aucun privilége, si le vendeur avait donné quit-
tance dans l'acte de vente, bien que dans une
contre-lettre, le vendeur se reconnaisse encore
débiteur du prix : en principe, les contre-let-
tres n'ont d'effet qu'entre les parties contractantes, et non pas contre les tiers, art. 1321.
Il arrive souvent que les parties déclarent, dans
l'acte de vente, un prix moindre que le prix
véritable, pour payer des droits d'enregistrement moins élevés, et que dans une contre-
lettre, elles rétablissent le prix réel. Il est certain que le vendeur sera privilégié, seulement
pour le prix constaté par l'acte de vente.

Il faut que le prix soit dû : si l'acheteur a
payé le prix au moment de la vente, il n'y a pas
de privilége; il n'y en a même jamais eu. D'ailleurs, il n'importe pas que le prix consiste en
une somme d'argent exigible, ou bien qu'il consiste en une rente viagère ou perpétuelle; il est

évident que nous sommes dans l'hypothèse pré-
vue par la loi, et que le prix est garanti par le
privilége.

Il faut aussi que le prix soit dû en vertu de la
vente; il n'y aurait pas lieu à privilége si les parties avaient nové la dette du prix, parce que,
par la novation, la première dette, celle du prix
résultant de la vente, serait éteinte, et rem-
placée par une seconde dette, qui n'a pas sa
source dans la vente, mais bien dans une convention nouvelle. Pour savoir s'il y a eu ou non
novation, il faut suivre les règles indiquées par
le Code, lorsqu'il parle de la novation, art. 1270
et suivants.

Que décider pour les frais de vente?... Si le
vendeur les paie, sera-t-il privilégié comme
pour le capital? Nous pensons que si ces frais
sont à la charge de l'acheteur, le vendeur, forcé
de les avancer, sera colloqué au rang du capital pour le recouvrement de ces frais. Ils font
partie du prix de vente, en ce sens qu'ils ont
été pris en considération par les parties pour la
fixation du prix. D'ailleurs, on voit que tous ces
frais prennent naissance dans la vente. Il en
serait ainsi seulement pour les frais que le ven-

deur aurait avancés en sa qualité de vendeur, parce qu'il y serait forcé.

Celui qui vendrait un usufruit aurait un privilége sur le prix de l'usufruit. Nous pensons qu'il faut appliquer à la soulte les mêmes règles qu'à la vente : le fisc perçoit un droit de mutation; c'est une véritable vente jusqu'à concurrence de la soulte.

Il faut remarquer que le privilége est donné au vendeur pour primer les hypothèques frappant l'immeuble du chef de l'acquéreur, mais non pas pour primer les droits réels qui grèvent déjà l'immeuble, soit de son chef, soit du chef de ses auteurs. Ainsi, un mari qui aliène son immeuble, ne peut préjudicier à l'hypothèque légale de la femme. Le privilége le garantit bien contre les hypothèques venant frapper l'immeuble du chef de l'acquéreur, mais non pas contre les hypothèques déjà assises sur l'immeuble : il est donc évident qu'en réalité les hypothèques antérieures à la vente deviennent privilégiées par la vente; en effet, elles sont colloquées avant même le privilége du vendeur. Les créanciers hypothécaires du vendeur sont en quelque sorte subrogés à son privilége, préférablement au vendeur lui-même.

Le donateur a-t-il privilége pour l'exécution des charges imposées au donataire ?

Un premier système lui refuse le privilége : le législateur a donné au donateur le droit de résoudre la donation, si le donataire n'en exécute pas les charges, art. 954. — Nulle part, il ne lui donne un privilége : il donne bien un privilége au vendeur, mais il n'y a pas d'assimilation à faire entre un donateur et un vendeur. D'ailleurs, les priviléges sont de droit étroit ; on ne peut les étendre par analogie.

Dans un second système, on répond : De ce que le législateur a dit au donateur : « Vous aurez l'action résolutoire pour assurer l'exécution des charges de la donation, il ne s'ensuit pas qu'on doive nécessairement en induire une fin de non-recevoir, au point de vue du privilége qui est un droit moins fort. — On nous dit qu'il ne faut *pas assimiler le donateur au vendeur.* — D'accord, si le donateur se dépouille par une pure libéralité dégagée de toute charge : alors il n'y a aucun prix dans l'acte. Mais si on suppose un donateur qui se dépouille de son immeuble, en imposant au donataire l'obligation de payer soit à lui-même donateur, soit à un tiers, une somme déterminée, c'est autre chose ; nous avons alors un acte à titre onéreux, dans lequel il y a un prix, une chose promise en retour de l'immeuble dont le prétendu donateur se dépouille. Cet acte est-il une donation ? Il en a le nom : mais il faut s'attacher à la réalité et non pas à la qualification mensongère donnée à l'acte par les parties. — Il est évident que si les charges équivalent à peu près à la valeur de l'immeuble, l'acte est au fond une véritable vente, quel que soit le nom que les parties lui aient donné. Si les charges sont inférieures à la valeur de l'immeuble, il faut y voir une vente jusqu'à concurrence des charges, une donation quant à la différence. Dans ce cas, l'acte rentre donc dans les termes de l'art. 2103, et le donateur a droit au privilége pour le montant des charges.

Les art. 2104 et 2105 nous disent que : à défaut de mobilier suffisant, les priviléges généraux de l'art. 2101 passent avant les priviléges spéciaux sur les immeubles. Ainsi, le vendeur se verra primé par tous les créanciers de l'article 2101, sur l'immeuble qu'il a vendu en rete-

nant un privilége. Cette disposition a donné
lieu à beaucoup de critiques. — Cependant les
droits du vendeur n'en éprouvent pas un grand
danger. En effet, nous avons vu que le vendeur
peut faire résoudre la vente, faute de paiement
du prix, art. 1654. — Le vendeur, qui verrait
le prix de l'immeuble absorbé par une foule de
créanciers de l'art. 2101, aurait une ressource
pour les écarter, c'est de demander la résolution de la vente.

Nous avons vu la nature du privilége du vendeur, son étendue et son but. Mais ce droit de
privilége ne peut rester dans l'ombre ; les tiers,
qui pourront contracter avec l'acheteur de l'immeuble, sont intéressés à connaître le privilége
du vendeur, qui grève l'immeuble vendu. C'est
pourquoi la loi a organisé un système de publicité, pour faire connaître aux tiers le privilége.

C'est ici que nous trouvons des divergences
très-nombreuses, surtout dans la doctrine. Nous
allons donner d'abord le système que nous préférons et qui a été récemment développé : il
roule sur l'explication des art. 2106 et 2108,
dont le texte suit :

Art. 2106. — Entre les créanciers, les priviléges ne produisent d'effet à l'égard des immeubles, qu'autant qu'ils sont rendus publics par inscription sur les registres du conservateur des hypothèques, de la manière déterminée par la loi, et *à compter de la date* de cette inscription sous les seules exceptions qui suivent.

Art. 2108. — Le vendeur privilégié conserve son privilége par la transcription du titre qui a transféré la propriété à l'acquéreur, et qui constate que la totalité ou partie du prix lui est due, à l'effet de quoi la transcription du contrat faite par l'acquéreur vaudra inscription pour le vendeur, etc.

M. Valette, dont l'opinion a été partagée par plusieurs auteurs, nous paraît avoir donné à ces articles leur véritable sens et démontré à la doctrine et à la jurisprudence, qui étaient tombées dans un système de publicité, qu'on pouvait accuser d'incohérence et de clandestinité, que le législateur avait adopté une publication très-sage, très-rationnelle et sauvegardant les intérêts de tous. Pour expliquer la loi, il est remonté à son origine, à la législation du 11 brumaire an VII, qui était encore en vigueur

au moment où le système de publicité des priviléges était organisé dans ces articles du Code.
La loi de brumaire établissait que les priviléges
comme les hypothèques devaient en principe
recevoir de la publicité. L'art. 2 de la loi s'exprime ainsi : « L'hypothèque ne prend rang, et
les priviléges sur les immeubles n'ont d'effet
que par leur inscription dans les registres publics à ce destinés, sauf les exceptions autori-
sées par l'art. 11. » L'art. 2106 du Code reproduit la même théorie en termes identiques, et
si le législateur a ajouté ces mots « à compter
de la date de cette inscription », il a voulu faire
mieux apercevoir que le privilége, pour être
efficace, devait être rendu public à la date de la
naissance, à la date de la transmission ou de la
création de la valeur.

Évidemment, le but du législateur est le suivant : c'est que le privilége ne doit avoir d'effet,
qu'autant qu'il est porté à la connaissance du
public, qu'autant que, au moment même où
l'on retient le privilége sur la valeur transmise
ou créée, le privilége soit inscrit ; de sorte que
la publicité du privilége doit être antérieure ou
du moins concomitante avec la transmission ou

la création de la valeur, sur laquelle le privilége
est retenu : le privilége doit donc être révélé au
moment de sa naissance. Sans cette révélation,
les tiers pourraient penser que le bien est entré
libre dans le patrimoine du débiteur, et leurs
droits seraient injustement violés si, ayant acquis des hypothèques sur cet immeuble, qu'ils
croyaient libre, ils pouvaient être primés par
un créancier négligent qui a laissé ignorer son
droit aux tiers intéressés à le connattre et les a
induits en erreur : le privilége, qui n'est que la
retenue d'un droit réel sur l'immeuble transmis,
ne peut avoir d'effet qu'accompagné de cette
publicité qui avertit les tiers qui voudraient
contracter plus tard avec l'acquéreur. De cette
manière, personne n'a pu compter sur l'immeuble, que défalcation faite du privilége retenu. La discussion des travaux préparatoires
du Code prouve que c'était là la pensée du législateur. (Fenet, t. 15, p. 358.)

L'art. 2108 est l'application la plus saisissante
de cette théorie : nous y voyons la transmission
de l'immeuble, la retenue et la publicité du privilége s'effectuer en même temps. En effet la
transcription de l'acte de vente, qui fait con-

naître aux tiers, que l'immeuble est passé dans le patrimoine de l'acheteur, leur apprend en même temps, qu'il n'y est passé que grevé d'un privilége au profit du vendeur, pour sûreté du paiement du prix de vente; ils apprennent, qu'ils n'ont à compter sur l'immeuble, que déduction faite de ce privilége. On voit par là que le législateur a atteint parfaitement son but : conserver l'intérêt du vendeur, tout en sauvegardant celui des tiers, qui pourraient contracter avec l'acquéreur : l'événement, qui leur apprend que l'immeuble est passé dans le patrimoine de l'acheteur, leur apprend en même temps qu'un privilége est retenu par le vendeur. De cette manière le vendeur n'a rien à craindre ; il ne peut pas perdre son privilége. L'acquéreur a-t-il consenti des hypothèques avant d'avoir transcrit l'acte de vente? ces créanciers hypothécaires ne peuvent primer le privilége du vendeur, puisque à leur égard le bien est encore dans le patrimoine du vendeur : celui-ci n'a pas abandonné sa propriété à l'égard des tiers et il n'a pas à s'inscrire. Les hypothèques consenties sont-elles postérieures à la transcription? le privilége du vendeur est retenu et rendu public par la transcription, et n'a rien à craindre des hypothèques venant du chef de l'acquéreur: *la transcription vaut inscription pour le vendeur.*

Ce système était très logique et très rationnel sous la législation de la loi de brumaire an 7, qui exigeait la transcription des actes translatifs de propriété, loi encore en vigueur au moment, où ces art. du Code étaient rédigés. Il y avait même un article du projet, qui déclarait que les actes translatifs de la propriété devaient être transcrits; mais cet article, on ne sait comment, disparut du projet définitif de la loi sans donner lieu à une discussion pour le supprimer. L'art. 2108 et quelques autres articles du Code, qui supposent la nécessité de la transcription pour la transmission de la propriété, devinrent difficiles à expliquer, du moment que la doctrine et la jurisprudence pensèrent à tort ou à raison que la transcription n'était pas nécessaire, pour transférer la propriété même à l'égard des tiers, et que la vente par elle-même était opposable à tout le monde, la propriété se transférant par le seul consentement.

D'un côté rejetant la nécessité de la transcription, de l'autre conservant des articles du Code, qui la supposent, on détruisait toute l'harmonie de la loi, et l'on comprend, que la doctrine et la jurisprudence ne prenant pas le seul parti raisonnable, celui de maintenir la nécessité de la transcription, ou bien celui de la rejeter en repoussant aussi les articles, qui n'étaient que la conséquence, le corollaire du principe, que la transcription seule transmet la propriété à l'égard des tiers, l'on comprend, dis-je, qu'elles soient tombées dans un système et des décisions contradictoires, tellement que leurs partisans eux-mêmes en sont venus à accuser la loi d'obscurité, d'incohérence et de mensonge : ils lui reprochent d'avoir promis une publicité complète, et de n'avoir abouti qu'à la clandestinité des priviléges.

Ainsi en considérant la suppression de l'art 91 du projet, comme impliquant nécessairement l'idée, que désormais la transcription ne serait plus nécessaire, pour transférer la propriété à l'égard des tiers, il faut décider que l'art. 2108 avait été abrogé par cela même; par suite que le privilége du vendeur existe avec tous ses effets, sans qu'il soit besoin d'inscription ni de transcription. Telle est l'opinion que M. Valette développe dans une monographie sur l'effet ordinaire de l'inscription. « Le vendeur au moins, en ce qui touche le droit de préférence, dont nous traitons, en ce moment, n'a besoin d'aucune inscription ni transcription, pour conserver son privilége; la vente produisant ses effets sans aucune mention sur les registres publics, doit les produire intégralement : on ne peut la scinder et réputer certaines clauses connues et d'autres ignorées du public : en un mot, toutes les clauses de l'acte forment un tout indivisible. On peut même dire, en termes plus énergiques, que l'aliénation connue du public par l'examen du titre, n'est qu'une aliénation partielle, puisque le vendeur a conservé un droit réel, qui est le privilége. Je sais que le résultat, auquel j'arrive ainsi, choque une jurisprudence qui paraît constante; mais je me crois permis de le présenter, comme logiquement déduit du principe adopté sur les mutations à titre onéreux. On entre ainsi dans un ordre d'idées intelligible : on met de côté, franchement, cette menteuse publicité du privilége, qui se réduit à une forme inutile, et l'on ne fausse pas l'institution de

l'inscription hypothécaire imaginée pour avertir les tiers. »

Voici comment la jurisprudence dont M. Troplong expose la doctrine, entend la publicité
des priviléges, notamment du privilége du vendeur, dans les art. 2106 et 2108, siége de nos
difficultés. Prise à la lettre, la règle, que le privilége n'a d'effet, que *par son inscription et à compter de la date*, serait subversive de la nature
même des priviléges, puisque la loi, en les clas-
sant eu égard à leurs qualités respectives (art.
2096), les a par là même affranchis de l'influence
que la priorité ou l'antériorité du temps ont
sur les simples hypothèques « C'est donc ici le
cas où l'on peut dire que *la lettre tue et l'esprit
vivifie*. Or, si, sans se préoccuper des expres-
sions inexactes de l'art. 2106, on s'attache exclu-
sivement aux règles qui, étant de l'essence des
priviléges ne sauraient être mises, à l'écart, on
est forcément et logiquement amené à reconnaître que le rang des priviléges, au lieu d'être
subordonné à la date de l'inscription, en est, au
contraire, complètement indépendant. La règle
de l'art. 2106 doit donc être entendue en ce sens
seulement que, pour avoir le droit d'invoquer

un privilége, il faut préalablement le faire inscrire; tant qu'il n'est pas rendu public, il n'est
point opposable aux tiers : C'est un droit inerte
et impuissant, semblable à l'être doué de la vie,
mais qui n'a pas encore assez de vigueur, pour
se mouvoir; que si au contraire, une inscription
a été prise, qui l'a révélé au public, il reçoit
alors, mais alors seulement, toute la plénitude
de ses prérogatives. Dès ce moment il produit
son effet. Mais quel effet? Un effet qui lui est
propre qui est de son essence, un effet indépendant du temps, se produisant dans le passé aussi
bien que dans l'avenir ! Car ce qui distingue les
priviléges, c'est qu'à raison de leur propre nature, ils priment tous les droits, même les plus
anciens, d'un ordre ou d'une qualité inférieure.
En autres termes, si l'effet du privilége est subordonné à l'inscription, son rang en est indépendant.

Quant au vendeur, la chose est bien sensible,
car aucun délai ne lui est prescrit pour se faire
inscrire. La faculté de prendre une inscription
lui étant ouverte jusqu'au dernier moment, il
peut y recourir, tant que l'immeuble reste dans
le patrimoine de son acheteur, et pourvu qu'il

se mette en règle avant l'aliénation, fût-ce dix, quinze ou vingt ans après la vente, son privilége, étant sauvegardé, lui confère un rang de privilége, c'est-à-dire la préférence sur tous les créanciers hypothécaires sans exception, même sur ceux dont l'inscription a précédé la sienne. En résumé tant que le privilége n'est point inscrit, il n'est point permis de l'invoquer. L'inscrit-on, il produit alors son effet. Quel effet ? Un effet de privilége c'est-à-dire un effet réglé non point, comme celui des hypothèques par la maxime : *Qui prior est tempore potior est jure:* mais par la règle : *privilegia non tempore æstimantur sed ex causa.*

Cette rétroactivité des effets de l'inscription set, on le comprend sans peine, destructive de la publicité des priviléges; les auteurs qui l'admettent, en font volontiers l'aveu. Les créanciers privilégiés, disent-ils, ont également le droit de ne pas révéler à l'avance, aux créanciers, avec lesquels ils pourront se trouver en conflit, le droit exorbitant, dont ils sont armés contre eux. *Ce n'est qu'au point de vue du droit de suite,* dans l'intérêt des tiers-acquéreurs seulement, que l'inscription est réellement nécessaire et utile.

Entre créanciers et au point de vue du droit de préférence, la clandestinité des priviléges est également *permise: elle n'en paralyse point l'effet*. —On voit facilement à quelles inconséquences avouées aboutit un pareil système. On interprète la loi, on mutile les textes, on sacrifie le texte à l'esprit de la loi, pour aboutir à un système directement contraire aux vues du législateur, qui ressortent avec évidence des discussions du Code (Fenet, 15, p. 386, etc.); à une publicité, qui n'avertit personne, et qui par conséquent est sans fondement, sans raison d'être.

Comment concilier un pareil système, qui permet de s'inscrire au dernier moment, d'un côté avec l'art. 2106, qui exige que le privilége soit rendu public pour avoir son effet, et de l'autre avec l'art. 2113, qui nous dit que le privilége dégénère en hypothèque, lorsqu'il n'est pas inscrit à temps ? N'est-ce pas renverser l'économie de la loi, faire de la règle l'exception et de l'exception le principe ?

La différence pratique des deux systèmes, qui viennent d'être exposés, consiste, en ce que: dans le premier système, le vendeur ne perd jamais son privilége, puisqu'il n'est pas tenu de prendre inscription. Dans le second au contraire, qui exige qu'une inscription soit prise sans fixer de délai pour la prendre, le vendeur peut s'inscrire et conserver son privilége, tant qu'une faillite ou une acceptation bénéficiaire (art. 2146) ne viennent pas lui enlever cette faculté : le vendeur, dont le débiteur a le malheur de tomber en faillite, ou bien de mourir et dont les héritiers acceptent bénéficiairement la succession, est puni par la perte du privilége, pour n'avoir pas publié un privilége, qu'il avait le droit de cacher à tous les créanciers, pour n'avoir pas pris une inscription, qui n'avertit personne, pour n'avoir pas rempli une formalité dérisoire.

L'intérêt de la question n'était bien grave que lorsqu'on supposait que le vendeur avait perdu son action résolutoire, ce qui arrivait rarement, puisque le privilége perdu, le vendeur conservait son action résolutoire : or, par l'action résolutoire, il pouvait reprendre son immeuble, et les fruits, ce qui était un droit plus avantageux que le privilége. C'est ainsi, que, suivant la jurisprudence, le vendeur qui avait perdu son privilége par une faillite ou une ac-

ceptation bénéficiaire, pouvait reprendre l'immeuble en nature. Par conséquent, les créanciers
en face de qui se trouve le vendeur, n'auront
pas grand intérêt à lui refuser le privilége : ils
en auraient un très grave dans le cas où il aurait perdu son action résolutoire.

L'art. 2108, qui, comme nous venons de le dé-
montrer, était une anomalie, une lettre morte,
du moment que la nécessité de la transcription
était rejetée, a repris sa place et s'explique très-
bien depuis que la loi du 23 mars 1855 a remis
en vigueur le système de la loi de brumaire.

Le législateur veut que la transcription
vaille inscription : les tiers, en même temps
qu'ils y apprennent la transmission de la propriété, apprennent la retenue du privilége du
vendeur : l'acte de vente est un tout, et les tiers
ne peuvent connaître le déplacement de la propriété, sans savoir par le même acte, qu'un prix
est dû au vendeur.

Cependant le législateur voulant faciliter les
recherches, voulant que le registre des hypothèques fût complet, a chargé le conservateur de
prendre d'office une inscription pour le privilége du vendeur : les tiers verront plus facile-

ment le privilége ainsi détaché de l'acte, et que, sans cela, ils ne pourraient peut-être pas facilement découvrir, au milieu des clauses nombreuses de l'acte de vente.

Cependant c'est là une formalité exigée seulement dans l'intérêt des tiers : le vendeur, qui a transcrit, est en règle, et la négligence du conservateur ne peut lui porter aucun préjudice. Le conservateur seul est responsable à l'égard des tiers. En ceci le Code Napoléon diffère de la loi de brumaire qui subordonnait le privilége du vendeur à la validité de l'inscription prise d'office par le conservateur.

Cependant il peut arriver que l'acheteur ne transcrive pas, qu'il soit saisi par ses créanciers. La transcription nécessaire dans les rapports du vendeur et des tiers, ne l'est point dans les rapports du vendeur et de l'acheteur : la nécessité de la transcription laisse subsister ce principe des art. 1138 et 1583, que (*entre les parties contractantes, le consentement seul transfère la propriété*) : l'immeuble vendu, bien que l'acte d'acquisition n'en soit pas transcrit, a pu être valablement saisi par les créanciers de l'acheteur. L'adjudication sur expropriation forcée purge

l'immeuble de tous les droits réels, qui le grèvent; le vendeur perdra son privilége, s'il n'a
pas eu le soin de faire transcrire son titre avant
l'adjudication. Mais la perte du privilége n'avait
pas, sous le Code, grand inconvénient, pour le
vendeur, qui conservait l'action résolutoire,
pour défaut de payement du prix, art. 1654 :
l'adjudication suivie d'une longue procédure,
celle de l'ordre, ne lui faisait pas perdre ce
droit. C'était là une imperfection de la loi, qui
aujourd'hui a disparu ; l'art. 717 du Code de
proc. civ. (Loi du 2 juin 1841) oblige le vendeur,
à un certain moment, d'intenter son action résolutoire, s'il veut la conserver. Faute de cette demande intentée par le vendeur dans un certain
délai, l'immeuble passe à l'adjudicataire, purgé
de tous droits : c'est là une garantie, qu'il fallait
nécessairement donner à l'adjudicataire, pour
inspirer de la confiance aux enchérisseurs.

Nous supposons que l'immeuble vendu mais
non transcrit, reste dans le patrimoine du débiteur : que décider s'il survient un évènement,
qui arrête le cours des inscriptions? Le vendeur
perdra-t-il son privilége? La question peut se
présenter lorsque l'acheteur tombe en faillite,

ou bien s'il vient à mourir et que sa succession soit acceptée sous bénéfice d'inventaire. Article 2146. Le cas s'est souvent présenté pour la faillite, et les arrêts ont décidé que le vendeur conserve son privilége. Elle se fonde sur ce que le jugement déclaratif de faillite arrête bien le cours des inscriptions, mais non celui des transcriptions : le vendeur n'a nul besoin d'inscription pour conserver ses droits, et les syndics, qui administrent les biens du failli, sont obligés de transcrire l'acte de vente s'il ne l'a pas transcrit. L'acheteur devait transcrire ; or les syndics, qui ne font que prendre en main son administration, le doivent aussi ; c'est pour eux un devoir de compléter par la transcription la propriété de l'immeuble acheté ; car s'ils ne transcrivaient pas l'acte de vente, le vendeur pourrait évincer l'acheteur, soit en constituant de nouvelles hypothèques, soit en aliénant à un deuxième acheteur, qui lui se mettrait en règle, en transcrivant son titre.

Les syndics ne peuvent donc pas s'empêcher de transcrire l'acte de vente, et par là créer un titre au vendeur, qui conservera son privilége et son action résolutoire.

Les mêmes arrêts accordent au vendeur l'action résolutoire, lors même qu'il aurait perdu son privilége : ils repoussent l'application de l'art. 7 de la loi sur la transcription, en disant que le privilége n'est pas complétement perdu par le jugement de déclaration de faillite, qu'il ne l'est que, par rapport à la masse de la faillite, de sorte qu'il est conservé à tous autres égards, puisque si le failli désintéressait les créanciers de la faillite avec l'argent tiré d'une autre source, le privilége du vendeur reprendrait toute son étendue, or l'art. 7 n'attachant la perte de l'action résolutoire, qu'à la perte totale du privilége, l'action résolutoire survit.

Ce dernier argument ne nous paraît pas décisif : car ne pourrait-on pas dire, que si le privilége n'est perdu que relativement à la masse de la faillite, il en doit être de même de l'action résolutoire, à laquelle la nouvelle loi sur la transcription, le lie intimement? De même que le privilége, elle ne pourra être exercée contre la masse de la faillite.

On pourrait peut-être défendre cette solution, qui a pour elle l'équité sinon le texte de la loi, en disant que la perte de l'action résolutoire est une peine grave que l'art. 7 n'accorde qu'au profit des tiers, qui ont acquis sur l'immeuble des droits réels absolus, opposables à tout le monde, c'est-à-dire un droit de propriété, un droit d'usufruit ou une servitude, et qui se sont conformés aux règles, que la loi exige de remplir, il faut qu'on puisse invoquer l'art. 3 de cette loi, que le *législateur* a eu probablement en vue, en rédigeant l'art. 7; mais en vertu du jugement de déclaration de faillite, la masse des créanciers n'a pas acquis un droit réel sur l'immeuble, elle n'a pas de transcription à faire, des formalités à remplir, pour conserver son droit : elle ne fait qu'administrer la masse des biens du failli à la place du failli lui-même, qui reste propriétaire, jusqu'à ce que les biens soient vendus.

Cependant si on appliquait rigoureusement la loi, il nous semble qu'il faudrait refuser au vendeur le privilége, et par suite l'action résolutoire. Le vendeur, il est vrai, va se trouver dans une fâcheuse position, sans qu'il y ait aucunement de sa faute; il va perdre la chose et le prix; un événement soudain et imprévu tel qu'une faillite, une acceptation bénéficiaire, peut l'empêcher de prendre inscription ou de transcrire. C'est là une lacune de la loi : on aurait dû, dans ces cas, lui accorder un délai, comme on l'a fait, quand il s'agit d'une revente suivie de transcription, art.6. On peut dire, en faveur de cette dernière opinion, que le législateur a établi une certaine solidarité entre le privilége et l'action résolutoire; celle-ci ne peut exister sans la première; c'est du privilége, en effet, que l'action résolutoire tire toute sa publicité. Or, le vendeur ne peut plus conserver son privilége : comment le ferait il? Par la transcription. Mais la transcription vaut inscription; or depuis le jugement de déclaration de faillite, personne ne peut prendre inscription : tous les créanciers doivent garder la position qu'ils ont; ils ne peuvent pas acquérir de nouvelles sûretés depuis le jugement de déclaration de faillite, qui dessaisit le débiteur : tout doit se passer, comme si la faillite était liquidée le jour même du jugement. art. 443 et suivants du C. de com.

Après avoir posé en principe la déchéance des créanciers, qui ne se sont pas inscrits avant la transcription, la loi fait une exception pour le privilége du vendeur, qui a quarante-cinq jours pour l'inscrire : ainsi, nonobstant toute revente et toute transcription qui pourraient se faire, le vendeur conserve, néanmoins, la faculté d'inscrire son privilége dans les quarante-cinq jours de la vente, art. 6.

Nous avons vu plus haut que le vendeur a privilége, non-seulement pour le capital du prix de vente, mais encore pour les intérêts ; sur ce point, la doctrine et la jurisprudence sont d'accord. Mais faut-il aller jusqu'à dire que les intérêts privilégiés doivent recevoir la restriction de l'art. 2151? La question est vivement controversée en doctrine.

Dans un premier système, on décide que le vendeur est privilégié pour tous les intérêts sans limitation. Il se fonde sur ce que, en principe, l'accessoire suit le sort du principal « ac-« cessorium sequitur principale », donc les intérêts qui représentent les fruits produits par l'immeuble doivent être privilégiés comme le capital. Il repousse l'application de l'art. 2151, en disant que c'est là une exception qu'il faut restreindre dans ses limites, en l'interprétant *stricto sensu* : le législateur a bien dérogé au principe, quant à l'hypothèque, mais ne l'a pas fait pour les priviléges qui restent soumis à la règle générale ; et il argumente du mot hypothèque, qui se trouve dans l'art. 2151.

Un second système est d'avis que le vendeur n'a privilége que pour deux années, et l'année courante au même rang que le capital du prix de vente. D'abord, il repousse l'argument tiré du mot hypothèque, en disant que la loi emploie souvent le mot hypothèque dans un sens général qui comprend même les priviléges, c'est ce qu'elle fait dans le chapitre où se trouve l'article 2151 (V. le tit. du chap., art. 2146, 2148, etc.). Le privilége, en effet, n'est qu'une hypothèque d'un ordre meilleur ; c'est pourquoi on l'appelle quelquefois hypothèque privilégiée, art. 2113. — Il invoque à son appui l'esprit de la loi et les principes mêmes qui servent de base à la publicité. Si le législateur a voulu, pour les créanciers inscrits pour un capital produisant intérêt ou arrérage, limiter les intérêts qui doivent être colloqués au même rang d'hypothèque que le capital, c'est qu'il a pensé que les tiers qui contracteraient avec le débiteur pourraient croire que le créancier se ferait payer régulièrement les intérêts, comme il arrive habituellement : on ne peut prévoir que le créancier laissera les intérêts s'accumuler et grossir le capital. Il ne serait donc pas juste que le créancier pût venir primer ces tiers de bonne foi avec un capital et des intérêts considérables. N'en est-il pas de même pour les priviléges, et les tiers n'ont-ils pas dû penser avec raison que le vendeur serait assez diligent pour se faire payer les intérêts régulièrement ? S'il ne l'a pas fait, n'est il pas juste que le vendeur supporte la peine de sa négligence ? Cette dernière opinion me semble préférable.

Du privilége du vendeur quant au droit de suite.

Nous avons vu que le privilége comme l'hypothèque renferme un droit de suite. C'est un droit réel sur un immeuble affecté au paiement d'une dette : ce droit de préférence fait que le créancier hypothécaire peut convertir l'immeuble en argent, pour se payer de sa dette préférablement aux autres créanciers du même débiteur. Mais on comprend que le droit de préférence ne serait le plus souvent qu'un droit inutile, si le créancier n'avait pas en même temps le droit de suite, qui lui permet de suivre l'immeuble entre les mains des sous-acquéreurs pour les forcer à *payer* ou *délaisser* : le droit de suite est le complément nécessaire du droit de préférence. Nous avons donc à nous occuper principalement du droit de suite que renferme le privilége du vendeur.

Sous l'empire de la loi du 11 brumaire, an **VII**, le vendeur ne pouvait jamais perdre son privilége pas plus quant au droit de suite, que quant au droit de préférence. En effet, l'art. 25 de cette loi disposait en ces termes : « Les actes translatifs de biens et droits susceptibles d'hypothèques, doivent être transcrits sur les registres du bureau de la conservation des hypothèques dans l'arrondissement duquel les biens sont situés. Jusque là ils ne peuvent être opposés aux tiers, qui auraient contracté avec le vendeur et qui se seraient conformés aux dispositions de la présente. » Ainsi la transcription qui dépouillait le vendeur de sa propriété à l'égard des tiers, conservait le privilége du vendeur : la transmission et la publicité du privilége avaient lieu en même temps.

Quand il n'y avait qu'une seule vente, ce principe était incontestable, évident : mais on décidait de même quand l'acheteur vendait à son tour sans avoir transcrit la première vente : n'ayant qu'une propriété relative, puisque le vendeur primitif restait toujours propriétaire à l'égard des tiers, il devait nécessairement transcrire, non-seulement son propre contrat, mais encore celui de son auteur. C'était la transcription du premier contrat, qui seule dépouillait le premier vendeur de la propriété relative qu'il avait conservée et lui ôtait la faculté de transférer à des tiers des droits réels : les tiers s'étant mis en règle n'auraient eu rien à craindre du sous-acquéreur : en effet, tant que celui-ci ne transcrivait pas le premier contrat, il laissait au premier vendeur une arme dangereuse; mais la transcription qui dépouillait le premier vendeur de sa propriété, lui conservait le privilége. — Voilà le système très simple et très logique, que contenait la loi de brumaire. Vint la rédaction du Code Napoléon; on suivit les errements du passé, on copia la loi de brumaire, sauf quelques modifications. L'art. 26, que nous avons mentionné plus haut, était reproduit par l'art. 91 du projet, qui s'exprimait en ces termes : « Les actes translatifs qui n'ont pas été transcrits, ne peuvent être opposés aux tiers qui auraient contracté avec le vendeur, et qui se seraient conformés aux dispositions de la présente. Fenet, t. 15, p. 346. Suivait l'art. 92 du projet, qui est devenu l'article 2182 du Code Nap. : « La simple transcription des titres translatifs de propriété sur le registre du conservateur, ne purge pas les hypothèques et priviléges établis sur l'immeuble. Le vendeur ne transmet à l'acquéreur que la propriété et les droits qu'il avait lui-même sur la chose vendue : il les transmet sous l'affectation des mêmes priviléges et hypothèques dont il était chargé » — L'art. 91 du projet, après avoir été voté et adopté par le conseil d État, ne se retrouva pas dans le projet définitif; il disparut sans discussion par une sorte d'escamotage ou peut-être d'oubli.

Cependant, on eut bientôt à se décider sur la nécessité de la transcription, et après quelques hésitations, la jurisprudence décida que la transcription était abolie : alors des difficultés surgirent pour l'explication de certains articles du Code, qui supposent la transcription nécessaire pour transférer la propriété à l'égard des tiers. On ne persista pas moins à se rattacher

à ce principe que le consentement seul transfère la propriété à l'égard de tous : ce principe
séduisait les hommes spiritualistes et philosophiques, qui crurent voir dans ce principe une
innovation : ils crurent que, en admettant la
nécessité de la transcription, on aurait heurté
de front les art. 711, 1138 et 1583 du code civil.
Mais, c'était une erreur : ces articles décident
bien que le consentement seul transfère la propriété, mais entre les parties contractantes,
la question restait entière à l'égard des tiers :
on comprend, qu'entre les parties contractantes
et leurs héritiers, qui eux n'ignorent pas l'événement qui s'est produit, la translation de propriété qui s'est opérée, la transcription ne soit
pas nécessaire à leur égard; ils ont consenti au
contrat; ils doivent en respecter tous les effets,
et le principe que le consentement seul transfère la propriété, reste applicable entre eux.

Mais par là, on ne décide pas ce qui doit avoir
lieu à l'égard des tiers, qui eux n'ont pas participé à la vente, qui ne sont avertis de rien : il
est de toute justice qu'on ne puisse pas leur opposer une vente qu'ils n'ont pas pu connaître. A
cela on objecte que le premier vendeur n'a pas

pu, en revendant le même immeuble, transférer à d'autres plus de droit qu'il n'en avait, puisqu'il était dépouillé de la propriété par le seul consentement « Nemo potest in alium transferre quod non habet » et à l'appui on invoque l'art. 2182, cité plus haut. — Mais c'est résoudre la question par la question : oui, le vendeur n'est plus propriétaire dans ses rapports avec son acheteur; mais ne l'est-il pas dans ses rapports avec les tiers, tant qu'une transcription ne vient pas le dépouiller de sa propriété? L'art. 2182 ne décide rien; car il existait aussi dans la loi de brumaire, où il a été copié : on ne peut pas prétendre qu'un article, identiquement le même, ait un sens différent dans le Code.

Il ne suffit donc pas de décider que « la propriété, d'après le Code, se transfère par le seul consentement » il s'agit de savoir si l'acheteur, qui n'a pas averti les tiers que le vendeur a cessé d'être propriétaire, qui a laissé croire qu'il l'était encore, ne doit pas être puni de sa négligence, de son imprudence, si on ne doit pas lui préférer des tiers, qui ont pu contracter avec le vendeur dans la persuasion qu'il est encore propriétaire, et à qui on n'a rien à reprocher. Cependant la cause de la nécessité de la transcription fut perdue, et on fit prévaloir le principe de la translation de la propriété par le seul consentement même à l'égard des tiers. Tout système de publicité était totalement abandonné, et l'aliénation, événement imprévu et clandestin, privait les créanciers du vendeur du droit de s'inscrire : en effet, l'art. 2166 s'exprime en ces termes : « Les créanciers ayant privilége ou hypothèque inscrite sur un immeuble, le suivent en quelque main qu'il passe, pour être colloqués et payés suivant l'ordre de leurs créances ou inscriptions » on s'accorde à dire qu'au moment de l'aliénation les priviléges comme les hypothèques doivent être inscrits pour avoir effet contre l'acquéreur : S'ils ne sont pas inscrits, l'immeuble est purgé.

Que faut-il décider pour le vendeur ? — Nous avons adopté plus haut l'opinion de ceux qui pensent que le vendeur n'a pas besoin d'inscription, pour la conservation du privilége du moins quant au droit de préférence. Nous avons dit que du moment où la doctrine et la jurisprudence ont rejeté la nécessité de la transcription, ou plutôt ont cru la voir repoussée par le Code, l'art. 2108 se trouvait tacitement aboli : en effet, le sens de cet art. est celui-ci ; que la publicité donnée à la mutation de propriété, rend public le privilége du vendeur : du moment que toute publicité est abandonnée pour la première, il s'en suit qu'elle est abandonnée aussi pour le second. D'ailleurs, si le législateur a repoussé la nécessité de la transcription, c'est évidemment qu'il suppose que l'acheteur qui veut traiter, se fera représenter les titres de propriété. Certainement l'acheteur qui voit dans ces titres que le vendeur est devenu propriétaire, y verra également qu'il reste débiteur du prix, et s'il est prudent, il se fera représenter les quittances qui établissent sa libération : on voit donc qu'à la publicité de la mutation est intimement liée la publicité du privilége.

Voilà ce que nous avons décidé du privilége du vendeur quant au droit de préférence : car c'est sous ce point de vue seulement que nous l'avons examiné : mais que faut il décider quant au droit de suite? La logique nous conduirait à dire que si la vente est censée connue avec toutes ses clauses des tiers, qui viennent prêter des fonds à l'acheteur, il doit en être de même des tiers qui viennent traiter avec le vendeur : nous ne voyons pas pourquoi on pourrait raisonnablement permettre à un tiers-acquéreur, d'ignorer une mutation de propriété et un privilége que vous ne permettez pas à un prêteur de fonds d'ignorer.

Cependant le législateur semble avoir suivi cette théorie : dans une section et un chapitre à part, il s'est occupé du droit de préférence : ces mots « entre les créanciers » qui se retrouvent au commencement de ces articles semble nous prouver : les dispenses d'inscriptions, les délais qui sont accordés aux divers créanciers pour prendre inscription, tout cela ne regarde que le droit de préférence.

Le législateur règle le droit de suite dans un chapitre différent : l'art. 2166, que nous avons cité plus haut, ne donne le droit de suite, qu'aux priviléges ou hypothèques inscrits au moment de l'aliénation. Ainsi le vendeur, qui, suivant le système que nous avons adopté sur l'art. 2108, n'a pas besoin de s'inscrire pour conserver son privilége de vendeur quant au droit de préférence, semble y être soumis par l'art. 2166 quant au droit de suite. Le vendeur qui n'est pas en faute de ne pas faire connaître son privilége aux prêteurs de fonds, ne peut jamais perdre son privilége si l'acheteur n'aliène pas l'immeuble, s'il ne fait que constituer des hypothèques.

Au contraire, si l'acheteur aliène l'immeuble, le lendemain même à un nouvel acquéreur, l'immeuble lui passe libre et purgé de toutes les hypothèques et de tous les priviléges qui ne sont pas inscrits : le vendeur originaire, qui n'aura pas eu le temps de s'inscrire, va perdre son privilége. Pour justifier cette rigueur de la loi, on ne peut qu'alléguer la faveur que la loi accorde à la libre circulation des biens, qui constitue un élément de prospérité publique. On peut faire la même réflexion à propos d'autres priviléges: ainsi le cohéritier qui a soixante jours pour inscrire son privilége (art. 2109), dans le cas où le débiteur n'aliène pas sa part d'immeubles de la succession, n'a pas un seul instant à perdre pour se prémunir contre une aliénation.

Ici il y aurait à se demander si le vendeur qui, d'après notre système, n'a pas besoin de s'inscrire pour conserver son privilége quant au droit de préférence, peut venir se faire colloquer

par préférence sur le prix de l'immeuble lorsqu'il a perdu le droit de suite faute de s'être
inscrit avant l'aliénation; supposé, bien entendu,
que l'acquéreur conserve entre les mains le prix
de vente : car s'il l'avait déjà payé au vendeur
ou à ses créanciers, l'acquéreur serait valablement libéré et ne pourrait plus être inquiété par
le premier vendeur? Il est évident que, si le
droit de préférence du vendeur primitif pouvait nuire au sous-acquéreur, il ne pourrait pas
l'exercer.

Tel serait le cas où il y aurait des créanciers hypothécaires inscrits, et que le prix, conservé par le sous-acquéreur ne fût pas suffisant
pour désintéresser le premier vendeur et ces
créanciers inscrits : évidemment ceux-ci dans
le cas où l'on permettrait au vendeur de les
primer sur le prix, feraient une surenchère pour
faire monter le prix de l'immeuble hypothéqué
aussi haut que possible, tandis que s'ils étaient
payés sans avoir à craindre le privilége du
vendeur, ils n'auraient aucun intérêt à faire une
surenchère : ici donc l'intérêt du tiers-acquéreur, qui ne peut souffrir d'un privilége dont
son immeuble est purgé par l'aliénation, exige

que le droit de préférence soit éteint avec le droit de suite.

Mais qu'arriverait-il dans le cas où le maintien du droit de préférence ne pourrait porter aucun préjudice au tiers-acquéreur? Supposé qu'il y ait juste de quoi désintéresser le premier vendeur et les créanciers inscrits, la perte du droit de suite emporte-t-elle la perte du droit de préférence? Dans ce cas-ci, il n'y aurait que les créanciers chirographaires de l'acheteur qui pourraient se plaindre de la survie du droit de préférence du vendeur. Nous pensons qu'il faut décider contre le vendeur : suivant l'opinion la plus générale, et surtout suivant une jurisprudence constante, le droit de préférence est intimement lié au droit de suite et périt avec lui, de sorte que le droit de suite étant perdu, le droit de préférence l'est aussi. On peut dire qu'il serait exorbitant que le créancier qui a perdu son privilége sur l'immeuble, puisse se faire payer sur le prix qui n'est que la représentation de la valeur de l'immeuble : l'esprit de la loi paraît être tel; car elle a soin de s'expliquer, quand elle veut qu'il en soit autrement : elle formule des exceptions qui ne font que confir-

mer la règle générale. C'est ainsi que dans l'art.
17 de la loi du 3 mai 1841 sur l'expropriation
pour cause d'utilité publique, elle décide que
les femmes, mineurs et interdits, qui ont des
hypothèques légales, qui n'ont pas été inscrites
dans la quinzaine de la transcription du jugement d'expropriation, peuvent venir se faire
colloquer sur le prix tant que le prix n'est pas
payé.

Il est vrai qu'ici le sous-acquéreur, l'Etat, n'a
rien à craindre, puisqu'il n'y a pas de suren
chère possible, et que le prix fixé par le jury est
présumé représenter exactement la valeur de
l'immeuble : nous ne sommes pas dans le cas
d'une aliénation volontaire, qui ne présente aux
créanciers aucune garantie pour la fixation du
prix de l'immeuble.

C'est ainsi que, d'après l'art. 2198, le créancier dont l'inscription a été omise dans l'état
délivré par le conservateur, peut venir exercer
son droit sur le prix, s'il est encore dû. Voici un
cas où la survie du droit de préférence va préjudicier peut-être à l'acquéreur.

Maintenant nous avons à étudier les change-
ments apportés par le Code de Proc. civ., dans

les art. 834 et 835. Ces articles, on le sait, ont été dictés par des exigences fiscales : la nécessité de la transcription ayant été repoussée par la doctrine et la jurisprudence, l'Etat vit avec regret ses recettes diminuer considérablement : aussi voulant rétablir la nécessité de la transcription, le gouvernement s'adressa au conseil d'Etat, qui, n'osant revenir sur l'opinion défavorable qu'il avait déjà émise, et n'osant pas non plus contrarier les principes du Code civil sur la transmission de la propriété par le consentement mutuel, imagina de jeter au milieu du Code de Proc. Civ., ces deux articles rédigés à la hâte sans aucun soin, et qui ont donné lieu par leur obscurité à tant de controverses. Ces articles avaient pour but de rendre la transcription sinon nécessaire, du moins utile.

L'art. 834 est ainsi conçu : « Les créanciers qui, ayant une hypothèque aux termes des articles 2123, 2127 et 2128 du Code Civil, n'auront pas fait inscrire leurs titres antérieurement aux aliénations qui seront faites à l'avenir des immeubles hypothéqués, ne seront reçus à requérir la mise aux enchères, conformément aux dispositions du chapitre VIII, t. 18, du livre 3 du

Code Civil, qu'en justifiant de l'inscription qu'ils auront prise depuis l'acte translatif de propriété et au plus tard dans la quinzaine de la transcription de cet acte. Il en sera de même à l'égard des créanciers ayant privilége sur des immeubles, sans préjudice des autres droits résultant au vendeur et aux héritiers des art. 2108 et 2109 du Code Civil. »

Le système du Code est notablement modifié ; ce n'est plus l'aliénation qui purge l'immeuble des hypothèques et des priviléges qui ne sont pas inscrits : l'acquéreur, pour être en sûreté, doit transcrire le contrat de vente, et attendre l'expiration de la quinzaine après la transcription : en effet, les créanciers ayant hypothèque, qui sont surpris par une aliénation imprévue de l'immeuble hypothéqué, et qui n'auraient pu s'inscrire sous le Code, peuvent le faire sous le bénéfice de cet article, tant que l'acquéreur n'a pas transcrit et même dans les quinze jours qui suivent la transcription. C'est donc là un retour incomplet à la loi de brumaire ; c'est même une disposition plus favorable, plus large, en ce sens que le créancier peut s'inscrire même dans la quinzaine après la transcription. Les rédacteurs de cet article paraissent consacrer le principe de la translation de la propriété. La transcription n'a d'autre utilité que de purger l'immeuble des hypothèques acquises avant l'aliénation, mais non encore inscrites; elle les met en demeure de se produire par des inscriptions.

Ici s'élève une question gravement controversée, celle de savoir quels contrats doivent être transcrits. Il est certain que l'acquéreur doit transcrire son propre contrat; mais ne faut-il pas encore qu'il transcrive les contrats des vendeurs précédents, qui ne seraient pas transcrits? — La cour de cassation a constamment décidé qu'il suffit à l'acheteur de transcrire son contrat. Ainsi, la transcription du dernier contrat de vente met en demeure les vendeurs précédents et les créanciers hypothécaires de ces vendeurs, de venir prendre inscription dans la quinzaine. Mais à cette solution, on peut objecter que la transcription du dernier contrat n'avertit que le vendeur précédent et les ayant-cause de ce vendeur; il n'avertit aucunement ni le vendeur originaire, ni ses ayant-cause, puisque le vendeur primitif peut même n'être pas mentionné dans le dernier contrat.

Un second système admet une décision toute différente. Pour plus de clarté, je suppose que Primus vende à Secundus, Secundus ne transcrit pas et revend à Tertius. Primus n'a pas complétement abdiqué la propriété, conformément au principe de la loi de brumaire, dont l'art. 834 est une reproduction très-incomplète; le vendeur Primus est censé propriétaire à l'égard des créanciers qui, ayant une hypothèque, ne l'auraient pas inscrite avant l'aliénation : sans cela, comment concevoir que ces créanciers puissent venir prendre inscription sur un immeuble qui n'appartient plus à leur débiteur Primus? Tant que celui-ci n'est pas dépouillé de cette propriété relative, qui est censée résider sur sa tête en faveur des créanciers qui ont une hypothèque acquise, mais non inscrite, au moment de l'aliénation, ceux-ci peuvent venir l'inscrire comme si l'immeuble n'était pas sorti du patrimoine de leur débiteur Primus, et cela jusqu'à ce que la transcription du titre vienne le dépouiller de cette propriété relative, et même dans la quinzaine au-delà. Or l'acheteur Secundus, qui n'a pas une propriété complète, ne peut transférer plus de droits qu'il n'en possède au second acheteur Tertius. Celui-ci ne peut compléter sa propriété qu'en faisant ce qu'aurait dû faire Secundus, c'est-à-dire en transcrivant le contrat de vente de Primus à Secundus. Ayant-cause de Secundus, il ne peut pas, plus que celui-ci, se dispenser de transcrire le premier contrat. Cette interprétation sert aussi à remettre en vigueur l'art. 2108, et le vendeur ne peut jamais perdre son privilége.

Un troisième système prend une décision intermédiaire : il distingue si, dans le dernier contrat transcrit, les noms des précédents vendeurs sont ou non mentionnés ; dans le premier cas, ils sont valablement mis en demeure d'inscrire leur privilege, les créanciers ayant hypothèque acquise de leur chef le sont aussi ; dans le second cas, ils ne le sont pas : ils ignorent la transcription qui s'est effectuée.

Il nous reste à expliquer les derniers mots de l'art. 834 : « Sans préjudice des autres droits résultant au vendeur et aux héritiers, des articles 2108 et 2109 du Code civil. » Nous pensons que les rédacteurs ont voulu, par ces mots, continuer au vendeur la faveur de conserver son privilége par la transcription, sans avoir besoin de prendre une inscription spéciale.

Nous arrivons à cette loi du 23 mars 1855, sur la transcription, qui a opéré un si grand changement dans notre législation : elle nous a rendu au système de publicité de la loi de brumaire. Cependant, il y a quelques différences sensibles, et nous en trouverons surtout une frappante, quant au privilége du vendeur.

L'art. 3 de cette loi s'exprime en ces termes : «Jusqu'à la transcription, les droits résultant des actes et jugements énoncés aux articles précédents ne peuvent être opposés aux tiers qui ont des droits sur l'immeuble, et qui les ont conservés en se conformant aux lois.» Tout en maintenant le principe essentiellement moral et philosophique, que la propriété se transfère par le seul consentement entre les parties contractantes, les rédacteurs de cette loi ont fait fléchir ce principe dans l'intérêt des tiers qui, eux, n'étant pas intervenus dans le contrat de vente, y sont complétement étrangers et ont été fondés à croire que le vendeur était propriétaire, tant qu'une transcription ne vient pas les avertir du contraire. Le vendeur ne cesse d'être propriétaire, à l'égard des tiers, que par la transcription. Jusque-là, étant censé proprié taire, il peut valablement constituer des hypothèques, revendre le même immeuble à un second acheteur, et cela, même depuis la première aliénation qui a été faite ; et ce dernier primera l'acheteur primitif, qui n'aurait pas transcrit avant lui.

Ces principes posés, nous devons examiner la position qui est faite au privilége du vendeur par la loi nouvelle. Il est évident que, pas plus dans le système en vigueur que dans celui de la loi de brumaire, le vendeur ne peut jamais perdre son privilége, tant qu'il n'y aura qu'une seule vente, sauf les cas de l'art. 2146, celui d'une faillite ou d'une acceptation bénéficiaire. En effet, l'acheteur ne peut devenir propriétaire absolu que par la transcription qui conserve le privilége du vendeur. Mais je suppose que Primus ait vendu à Secundus un immeuble. Secundus n'a pas transcrit le contrat et a revendu à Tertius, qui, lui, se contente de transcrire son propre contrat. Qu'arrivera-t-il, quant au privilége de Primus, premier vendeur ? — Nous pensons qu'ici les rédacteurs de la loi ont maladroitement abandonné le système de la loi de brumaire si simple et si logique. Il faudra décider, d'après la loi nouvelle, qu'il suffira à Tertius de transcrire son propre contrat, et que le vendeur perdra son privilége, s'il ne s'est pas inscrit avant la transcription, à moins qu'il ne soit dans le délai de quarante-cinq jours qui lui sont accordés pour inscrire son privilége. Ainsi, il arrive que Secundus, qui, lui, n'avait qu'une propriété relative, qui, pour devenir propriétaire à l'égard de tous, aurait dû transcrire son contrat, transfère à Tertius plus de droit qu'il n'en avait, celui de devenir propriétaire absolu, sans transcrire la première vente ; et cela va nous conduire à un résultat qui a paru bizarre. Conservant la même espèce, je suppose que Primus revende le même immeuble à une quatrième personne, Quartus. Qui sera préféré de Tertius ou de Quartus ? — Il est certain que, si Quartus transcrit son contrat avant que Tertius ait transcrit le sien, il devra être préféré : entre deux acheteurs, c'est celui qui transcrit le premier qui devra être préféré (article 3). Mais Quartus ne devrait-il pas être préféré, quand même Tertius l'aurait devancé ? —

Nous le pensons : en effet, Quartus a acheté de Primus, qu'il a cru propriétaire de l'immeuble, il a été consulter le registre des transcriptions ; il a vu que Primus y est désigné comme propriétaire de l'immeuble, et aucune transcription n'existe en son nom. N'a-t-il pas été fondé à croire que Primus n'avait pas cessé d'être propriétaire ? En décider autrement, ce serait abandonner toute publicité efficace. Tertius n'est-il pas en faute de n'avoir pas averti les tiers que la propriété avait cessé de résider sur la tête de Primus ? Nous ne voyons rien dans la loi, qui aille contre cette décision.

En un mot, Quartus s'est conformé à la loi; il a fait tout ce qu'un homme prudent doit faire, il a consulté les registres, tandis que Tertius a une faute à se reprocher.

Mais ici nous arrivons à un résultat bizarre. Primus, qui a perdu son privilége par la transcription de la dernière vente, qui n'est plus propriétaire même à l'égard des tiers à l'effet de conserver son privilége, l'est pourtant à l'effet de constituer des droits réels sur cet immeuble; il peut vendre, hypothéquer tant que la transcription du premier contrat de vente ne le dépouille pas de la propriété. (Humbert, *Revue historique de droit français et étranger*. Année 1855.»

Il faut remarquer que le législateur a trouvé trop rigoureux que la transcription du deuxième contrat empêche l'inscription du privilége du premier vendeur quand il ne s'est écoulé qu'un temps très court. Il peut arriver que Primus vende à Secundus; que Secundus aussitôt vende à Tertius, qui s'empresse de transcrire son contrat. Le premier vendeur se verrait dans l'impossibilité de conserver son privilége par la transcription de son contrat ou par une inscription, sans qu'il y ait aucune faute à lui reprocher, puisqu'il n'a pas eu le temps de s'incrire. C'est pour obvier aux inconvénients et aux fraudes qui pourraient en résulter, que la loi a accordé au vendeur quarante-cinq jours à partir de la première vente, pour inscrire son privilége : pendant ce temps, que le législateur a jugé nécessaire pour que le premier vendeur Primus, se mette en règle, on ne peut faire aucune transcription au préjudice de ses droits ; quand même il ne transcrirait son contrat que le dernier jour du délai, il conserverait son privilége sur l'immeuble, bien que Tertius l'eût devancé. C'est ce qui résulte du dernier alinéa de l'art. 6 de la loi du 23 mars 1855 : « Néanmoins le vendeur ou le copartageant peuvent utilement inscrire les privilèges à eux conférés par les art. 2108 et 2109 du C. Nap. dans les quarante-cinq jours de l'acte de vente, nonobstant toute transcription d'actes faits dans ce délai. »

C'est là une atteinte peu grave et peu dangereuse apportée au système de publicité : c'est un moyen de couper court aux fraudes, qui auraient pu se commettre, comme je l'ai déjà dit, et d'ailleurs ce délai donné au vendeur originaire pour s'inscrire n'aura pas de grand inconvénient : les tiers doivent savoir que, tant que le délai n'est pas écoulé, le privilège du vendeur peut surgir ; s'ils sont prudents, ils attendront que les quarante-cinq jours à partir de la vente se soient écoulés avant d'aller demander un état des inscriptions. Il arrive même par là que la purge ne poura pas être poursuivie avant l'expiration de ce délai.

En effet, l'art. 2183 exige que l'acheteur qui veut purger, fasse des notifications à tous les créanciers aux domiciles par eux élus dans leurs inscriptions. Or, nous avons dit que le vendeur avait quarante-cinq jours pour prendre inscription et faire élection de domicile, il faudra donc que l'acheteur attende l'expiration de ce délai, pour qu'il puisse faire les notifications nécessaires au domicile par lui élu dans l'inscription. Aucune loi ne dispense l'acheteur de faire ces notifications pour purger l'immeuble du privilége du vendeur : l'art. 835 dispensait bien l'acquéreur de faire des notifications aux créanciers inscrits depuis la transcription de son contrat, et avant l'expiration de la quinzaine suivante; mais cet art. a été formellement abrogé par l'art. 6.

Nous avons dit plus haut que l'art. 17 de la loi du 3 Mai 1841 sur l'expropriation pour cause d'utilité publique, permet aux créanciers ayant hypothèque acquise au moment du jugement d'expropriation, de s'inscrire dans la quinzaine de la transcription de ce jugement. C'est là un souvenir de la théorie de l'art. 834 du C. de Proc. Civ. : mais comme c'est une loi spéciale, qui est complète par elle-même et à laquelle le législateur ne semble pas avoir touché, nous pensons que l'abrogation de l'art. 834

n'entraîne pas l'abrogation de ce délai : il en serait différemment, si cette loi s'était référée simplement à cet article.

Ainsi l'art. 17 de la loi sur l'expropriation pour cause d'utilité publique diffère considérablement de la loi nouvelle sur la transcription. L'exproprié ne peut pas constituer des droits réels depuis le jugement qui l'exproprie ; mais les créanciers qui avaient une hypothèque déjà acquise mais non inscrite , peuvent prendre inscription pour se faire colloquer sur le prix, et ils le peuvent non seulement jusqu'à la transcription, mais encore jusqu'à l'expiration de la quinzaine suivante. — Il en est différemment d'après la nouvelle loi ; le vendeur peut revendre, hypothéquer l'immeuble vendu, tant que l'acheteur n'a pas transcrit, mais aussi la transcription purge l'immeuble des hypothèques non inscrites.

Il résulte donc que, aujourd'hui encore, d'après la loi du 3 mai 1841, un vendeur précédent qui n'aurait pas inscrit son privilége avant le jugement d'expropriation, avant même la transcription, pourrait l'inscrire dans la quinzaine de la transcription du jugement.

L'exproprié n'est pas tenu de prendre une inscription, ni le conservateur d'en prendre une d'office pour la conservation de son privilége: il n'y a pas d'utilité à le faire, puisque, en vertu de la loi, tous les droits sur l'immeuble sont transférés sur le prix, qui est invariablement fixé ; le vendeur ne court aucun danger.

POSITIONS.

————◆◆◆————

DROIT ROMAIN.

I. La *lex commissaria* pouvait constituer une condition suspensive de la vente.

II. Avant Justinien, il était généralement admis que le vendeur, usant du pacte commissoire, ne pouvait réclamer sa chose qu'au moyen d'une action personnelle.

III. Les lois 3 et 4 au Code *de pactis inter emptorem et venditorem*, sont inconciliables.

IV. Celui qui vend *sub lege commissoria* un fonds dont il n'est pas propriétaire, et qui, n'étant pas payé au terme fixé, use du pacte commissoire peut, pour compléter l'usucapion, joindre à sa possession celle de l'acheteur.

V. L'acheteur *sub lege commissoria* n'a pas besoin, pour éviter la résolution, de consigner judiciairement le prix : il lui suffit de prouver que c'est par la faute du vendeur que le prix n'est pas payé.

VI. L'acheteur *sub lege commissoria*, qui a laissé passer le terme fixé sans payer, ne peut ensuite purger sa demeure et enlever au vendeur le droit de résolution, par cela seul qu'il offre le prix.

VII. La détermination d'un délai fixe dans lequel l'acheteur doit payer n'est pas un élément essentiel du pacte commissoire.

VIII. Dans le cas où la *lex commissoria* a été apposée à la vente sans fixation de délai, il faut accorder à l'acheteur un certain temps, *modicum tempus*, pendant lequel il peut éviter la résolution en payant.

IX. Le vendeur usant du pacte commissoire est obligé de restituer les à-compte qu'il a touchés.

DROIT FRANÇAIS.

X. Le vendeur conserve son privilége sur le meuble vendu, mais non livré, ou vendu et livré à un tiers de mauvaise foi, ou donné en gage même à un tiers de bonne foi.

XI. Le vendeur de meubles incorporels a privilége sur ces immeubles.

XII. Le vendeur de meubles a une action en revendication spéciale accordée dans le 2ᵉ alinéa du 4° de l'art. 2102.

XIII. Le vendeur d'un meuble perd son privilége et son action résolutoire, lorsque le meuble vendu est attaché par destination à un immeuble hypothéqué.

XIV. Le créancier de la soulte a privilége pour le montant de la soulte.

XV. L'acheteur à réméré, qui laisse exercer le réméré sans se faire rembourser son prix, n'a pas de privilége.

XVI. L'art. 2106 exige en principe que les priviléges soient rendus publics à leur naissance : l'inscription ne doit pas avoir d'effet rétroactif sauf exceptions.

XVII. La collocation pour les intérêts du prix de vente, ne peut avoir lieu pour plus de deux années et l'année courante.

XVIII. Le conservateur n'est pas tenu de renouveler l'inscription du vendeur prise d'office; le défaut de renouvellement de la part du vendeur, ne lui fait pas perdre le privilége.

XIX. Primus a vendu à Secundus, qui, n'ayant pas transcrit revend à Tertius: celui-ci ne transcrit que son contrat. Primus vend de nouveau à Quartus. Qui sera préféré ? — Quartus.

DROIT COMMERCIAL.

XX. Le vendeur, non-commerçant, est soumis à la loi commerciale quant à son privilége, si l'acheteur tombe en faillite.

DROIT PÉNAL.

XXI. L'erreur dans la personne de la victime n'empêche pas que l'agent ne soit coupable de meurtre avec préméditation.

INSTRUCTION CRIMINELLE.

XXII. Pour les jugements de simple police, l'art. 172 ne permet l'appel qu'au prévenu et non pas à la partie civile ni au ministère public.

HISTOIRE DU DROIT.

XXIII. Le libre choix de la nationalité n'existait pas en France à l'époque franque.

XXIV. Le privilége de la masculinité est d'origine germanique : celui de l'atnesse est d'origine féodale.

DROIT DES GENS.

XXV. La femme étrangère n'a pas hypothèque légale sur les biens de son mari situés en France.

XXVI. Les militaires faisant partie d'une armée qui se trouve à l'étranger, peuvent s'adresser aux officiers publics de l'endroit pour la rédaction des actes de leur état civil.

Vu par le présiden de la thèse,
ROYER-COLLARD.

Vu par le doyen de la Faculé.
C. A. PELLAT.

Permis d'imprimer,
Le Vice-Recteur
ARTAUD.

Contraste insuffisant

NF Z 43-120-14

9 782016 169605